广东交通科技计划项目

桥梁水下结构管养技术研究与实践

朱战良　主　编

人民交通出版社股份有限公司
China Communications Press Co.,Ltd.

内 容 提 要

本书总结了近十年来作者在桥梁水下结构加固方面的研究成果和工程实践经验，主要介绍了桥梁水下结构的管养需求和技术措施，桥梁水下桩基的常见病害和常用检测技术，一些在加固实践中研发或总结形成的在役桥梁水下桩基加固技术，并以实例形式介绍了桥梁水下桩基冲刷防护的加固方法和过程，最后阐述了桥梁下部墩柱防撞评估及加固设计方法。

本书可供桥梁养护与管理人员及相关技术人员使用，也可供相关院校师生参考。

图书在版编目(CIP)数据

桥梁水下结构管养技术研究与实践 / 朱战良主编 .
— 北京 : 人民交通出版社股份有限公司, 2015. 11
ISBN 978-7-114-12493-8

Ⅰ. ①桥…　Ⅱ. ①朱…　Ⅲ. ①　桥梁结构—加固—研究
Ⅳ. ①U443

中国版本图书馆 CIP 数据核字(2015)第 218469 号

书　　名：**桥梁水下结构管养技术研究与实践**
著 作 者：朱战良
责任编辑：曲　乐　尤　伟
出版发行：人民交通出版社股份有限公司
地　　址：(100011)北京市朝阳区安定门外外馆斜街 3 号
网　　址：http://www.ccpress.com.cn
销售电话：(010)59757973
总 经 销：人民交通出版社股份有限公司发行部
经　　销：各地新华书店
印　　刷：北京市密东印刷有限公司
开　　本：787 × 1092　1/16
印　　张：8
字　　数：180 千
版　　次：2016 年 3 月　第 1 版
印　　次：2016 年 3 月　第 1 次印刷
书　　号：ISBN 978-7-114-12493-8
定　　价：35.00 元

本书编写委员会

特邀专家顾问：黄建跃　洪显诚　李卫民　鲁昌河
主　　　　任：曹晓峰
副　主　　任：朱战良　汪春华　兰恒水
委　　　　员：王　萍　骆保国　蔡业青

主　　　　编：朱战良
副　主　　编：杨　琪　骆保国　王　萍
主　　　　审：曹晓峰
成　　　　员：李海军　薛连旭　陈　旭　余正琴　王贤基
　　　　　　　林招伟　魏汉锋　陈　云　孔德仁　石雪飞
审　　　　稿：杨　琪
统　　　　稿：杨　琪

序

桥梁是公路的重要组成部分,如同人的生命一样也有寿命,桥梁的设计寿命一般为 100~120 年。桥梁自建成开始,随着在自然环境和使用环境中的长期作用,水泥混凝土会逐渐碳化,结构会逐渐退化,尤其结构承载部分受到削弱时,会加剧结构安全能力减弱,严重时甚至破坏,因此,桥梁一旦投入使用就要高度重视养护维修工作,特别是桥梁使用到了中后期时,更要重视养护工作。好的维修养护可以延长桥梁的寿命,同时也确保使用寿命期的安全。

随着我国高速公路的快速发展,桥梁的比重越来越大,桥梁管养任务也越来越繁重。大江、大河、大海中的桥梁比起陆地上的桥梁,养护维修工作技术复杂程度要大得多,桥梁水下结构的检测维修养护加固设计与施工,更是一项技术难度较大的工作,已成为迫切需要创新解决的问题。

佛开高速公路九江大桥是我国一座大型混凝土连续梁桥,横跨西江,营运使用将近二十年,如何能做好养护维修工作,编者在处治桥梁水下结构存在的病害和问题,以提高桥梁的安全能力,延长使用寿命方面,做了大量的工作,并做了较好的总结,在水下结构检测维修加固设计与施工技术方面创造了很多成功的经验。

全书内容翔实、全面,着重介绍了养护研究过程中的新技术、新方法、新工艺,注重检测的系统性,病害的原因分析及对策,维修方法设计的可靠性、可行性方面的内容,形成了桥梁水下结构的养护管理和技术设计的成套体系。该书的出版对类似养护工程有很好借鉴作用,对推动桥梁养护技术创新进步是个引领,同时也是一部很好的参考书。

黄建跃

广东省交通集团有限公司总工程师

2015 年夏于广州

前　言

桥梁在我国经济及基础建设中发挥着不可替代的重要作用。桥梁水下结构的管理和维护更是对保障桥梁安全和通畅有着重要意义。近年来,由于桥梁水下结构存在问题而引发的一系列在役桥梁事故在全世界范围的频繁发生,更是为桥梁水下结构管养部门敲响了警钟。

相对于上部结构,水下结构质量和安全关系到整个桥梁工程的成败,水下结构的管养面临更艰巨的困难。桥梁水下结构主要指桥墩、桩基础等,其使用条件和使用环境较之水上结构更为恶劣,一般桥梁通常要求设计基准期为100年,但由于水环境的复杂性,荷载与环境的双重作用使得桥梁水下结构更加容易腐蚀老化。桥梁水下结构通常会遭到腐蚀、破坏,而一旦破坏,维修工程较难实施,因而管养加固措施对于桥梁的"全寿命"至关重要。桥梁水下桩基加固有以下几个特点:加固综合成本高,综合加固工程多;运营安全保障要求高,对加固技术的可靠性要求高;同时,我国近几年设计规范体系变化,对于在役桥梁状态评估和设计的要求大大提高。因此桥梁水下的管养加固是一项高度集成的技术和复杂的系统工程。

本书总结了近十年来作者在桥梁水下结构加固方面的研究成果和工程实践经验,在系统介绍了现有桥梁水下桩基加固技术之后,尤其以九江大桥为例,将九江大桥所采用的加固成套技术进行了详细的介绍和总结。

本书基本体系如下:

第1章主要介绍了桥梁水下结构的管养需求和技术,包括发展趋势、技术特点,以及实施过程,并总述本书所用的工程实例背景。

第2章主要介绍了桥梁水下桩基的常见病害和常用检测技术,重点说明了这些常见病害形成的原因和条件,以及针对这些病害所形成的检测技术的基本原理、适用条件,以及在具体工程实施时的技术细节,并介绍桩基检测方法在佛开高速公路九江大桥中的运用实例。

第3章主要介绍了一些在加固实践中研发或总结形成的在役桥梁水下桩基加固技术,然后阐述G325九江大桥在加固实践中所运用的加固设计方法和加固施工技术。

第4章主要以实例形式介绍了桥梁水下桩基冲刷防护的加固方法和过程,包括冲刷防护设计和防护施工监测方案,以及冲刷防护施工过程。

第5章主要介绍桥梁下部墩柱防撞评估及加固设计方法,重点阐述了墩柱防撞的加固标准和设计思路,并以实例形式介绍了墩柱防撞加固设计构造,包括佛开高速公路九江大桥21号、25号墩和G325九江大桥19号墩的加固案例;然后介绍了防撞的加固施工技术;最后介绍了主动独立防撞设计与工程实施实例。

桥梁水下桩基的检测和加固技术将是未来几年桥梁工程学科中科技创新的重要领域,

水下结构的管养任务也会随着桥梁使用年限的增加而越来越重。本书作者将结合桥梁水下结构管养任务,继续致力于桥梁水下结构管养科技创新,与业内同仁共同致力于我国桥梁水下管养技术水平的提升。

由于作者水平有限,书中不当之处在所难免,谨请读者批评指正!

朱战良

广东省高速公路发展股份有限公司董事长

2015 年夏于广州

目　　录

第1章 绪 论

1.1 桥梁水下结构的管养需求概述

在桥梁建设的漫长发展历程中，随着国家基础建设的加强，现代桥梁越来越多地开始被关注整个桥梁结构的后期管养问题，即使是设计、施工质量均良好的桥梁，随着通车时间的增长，病害的增多，其使用价值（特别是安全性）也会随着桥梁使用时间的增加而不断降低。当使用价值降至安全限值时，必须通过维修加固，维持、提高其使用价值，该过程在设计期限内将持续发生。

随着我国桥梁建设步伐不断的加快，桥梁运营管理和养护的任务会越来越繁重。而随着国民经济的发展，如果车辆行驶密度的加大和荷载吨位的增加超出了预期设计荷载等级，就会导致桥梁的损坏。一方面，桥梁受到雨水侵蚀、日晒等因素的影响，在役桥梁会不断损坏和老化，其承受力、刚度、延性和稳定性不断下降。另一方面，施工的不足也会造成底板预应力钢筋混凝土保护层厚度偏薄，预应力钢筋外露锈蚀，梁底外观不光滑；普通钢筋混凝土板部分桥梁梁底开裂渗水；存在纵向裂缝、腹板斜裂缝和横向裂缝，甚至腹板斜裂缝已裂通腹板。因此，不少桥梁由于耐久性不足最终导致结果失效，有相当数量桥梁损坏严重或处于超期运营状态。

为应对上述情况，我国自20世纪70年代以来就开始了对桥梁管养技术的研究，桥梁管养技术也经历了材料无损检测、加固施工技术，以及状态评估和加固成套技术等几个发展阶段。2008年交通运输部出台了行业推荐性标准《公路桥梁加固设计规范》（JTG/T J22—2008）和《公路桥梁加固施工技术规范》（JTG/T J23—2008），使得桥梁加固有了共同遵循的标准。目前桥梁加固方法主要有增大构件截面加固、粘贴加固、体外预应力加固和改变结构体系加固4种方法。

在整个管养过程中，相对于上部结构，水下结构质量和安全关系到整个桥梁管养的成败，其管养也会面临更加严峻的挑战。桥梁水下结构主要指桥墩、桩基础等，其使用条件和使用环境较之水上结构更为恶劣，一般桥梁通常要求设计基准期为100年，但由于水环境的复杂性，荷载与环境的双重作用使得桥梁水下结构更加容易腐蚀老化，桥梁水下结构通常会遭到腐蚀、破坏，而一旦破坏，维修工程较难实施，因而管养加固措施对于桥梁的“全寿命”至关重要。

而对于作为整座桥梁挺立的“双脚”——桥梁水下结构桩基础，是桥梁基础的主要形式之一，其养护及维修的任务亦成为重中之重。在跨河、跨海桥梁中，由于施工的需要，桩基础有部分须暴露在水中，长度因桥而异。暴露在水中的部分，由于常年受浸泡、冲刷，桩身存在较大的隐患，会出现保护层脱落、桩体钢筋腐蚀等病害，严重危及桥梁的安全。部分跨海桥梁的桩体处于海水环境中，由于海水的咸度大，氯盐、硫酸盐含量高，桩体更容易受侵蚀。水下桩基受侵蚀后，保护层剥落、钢筋腐蚀，桩体有效截面积变小，抗压、抗弯性能减弱，对桥梁安全产生重大危害。特别是在超限运输的作用下，桩基础破损及腐蚀现象普遍严重，如何将旧桥的桩基加固以及提高新建桥梁的桩基施工质量，对这个问题的解决存在巨大的需求。

桥梁水下结构的管养系统，主要包括桥梁使用功能评价方法、桥梁维修排序决策模型、费用优化与养护实际决策预测、维修加固对策专家决策系统等。对于桥梁水下结构，随着运营时间的增长，各类严重的病害逐渐出现，传统加固方法基本上都需要做弃水、防水处理，这种方法所必需的围堰、基础防渗和基坑排水往往耗费大量的时间和费用，并且施工过程中占用航道空间，尤其对交通运输繁忙的河道，加固过程中所造成的间接影响更是不可估量。目前，传统单一的增大桩基面积法，已逐渐扩展为水泥灌浆加固法、钢筋混凝土套箍加固法、增补桩基加固法、高压旋喷注浆加固法等，桩基的加固技术尤其是施工技术日益成为桥梁管养技术发展的重点。

对于水下构造加固改造，无论是加固前的检测与病害原因分析、判断，还是具体的加固设计与加固方法，相对于上部构造来说难度都可能更大。因此，运用先进的运营荷载和结构性能测试技术，进行系统的结构状态评估，并由此确定和实施高难度、综合性的结构加固方案，正在成为当前阶段桥梁加固技术发展的重点。综合状态评估、加固设计和施工、加固过程检测和验证等在役桥梁加固成套技术，正在成为目前桥梁加固技术发展和科技创新的主要方向。

我国的桥梁建设正由大规模兴建为主的时期逐步进入到建设和养护维修并重时期。实践表明，采用适当的加固技术，对恢复和提高旧桥的承载能力和通行能力，延长桥梁的使用年限，以满足现代化交通运输的需要是可行的。这样不但可以节省大量的资金投入，还可以通过加固和改造旧桥消除安全隐患。在使用新技术的同时，要不断把旧的技术问题进行改造，使其能更好地为我国桥梁加固提供技术支持，保证我国有问题的桥梁通过改造后依然能够安全使用。本书内容就是建立在工程实例的基础上，针对水下结构的新型检测和加固技术以及防撞加固方法为读者做一个详细的介绍。

1.2 桥梁水下结构的管养技术概述

1.2.1 常见病害及检测技术

受使用条件及使用环境等因素的影响，桥梁水下结构更容易形成各类损伤。如河水冲刷、船撞及冻融等，均易导致桥梁水下结构形成不易发现的各类病害，降低桥梁承载能力和耐久性。

常见的病害主要包括：施工质量缺陷、混凝土开裂、河床冲刷、钢护筒锈蚀、钢筋混凝土破损与钢筋外漏及钢筋锈蚀等。其损伤机制及成因将在第2章中详细介绍。

由于桥梁水下结构承担着将上部结构所承受荷载传递给地基的重要任务，其病害的发生、发展直接影响桥跨结构的实用性和耐久性，因此桥梁水下结构的检测对于保证桥梁的正常运营至关重要。其基本检测方法如下。

(1)超声波法。该法是在桩基混凝土灌注前，沿桩的长度方向预埋若干根平行的检测管道，作为超声脉冲发射和接收探头的通道，管内充满清水等耦合剂，将检测探头分别在两个管子中同步上下移动,由仪器发出周期性电脉冲,逐点测出桩基沿不同深度横截面上超声脉冲穿透混凝土时的各项参数(声时波幅、主频波形以及频谱等),根据所测参数由相应的数据处理系统软件对各种参数进行综合分析和判断,以确定桩基混凝土各断面是否存在缺陷及缺陷的性质、大小和位置,同时评价混凝土的总体均匀性和强度等级指标。超声脉冲检测法主要用于桩基础检测,可对直径为0.6~1.0m桩的桩身进行完整性检测,且不受桩长的限制。近年来由于测试仪器和方法不断完善,故其应用较为广泛。

该方法直接在灌注桩上钻取圆柱形芯样,用局部区域(芯样)的混凝土强度代表桩身混凝土强度,通过取芯过程和芯样观察(包括切片),对桩身完整性进行描述。该方法是一种半破损检测法,芯样直径一般不小于集料最大粒径的3倍,高径比应在1~2范围内。采用该方法虽然可直接得到检测结果,但检测费时费力,费用高,且不能全面诊断桩基混凝土的内部缺陷。

(2)水下目视检测法。这是一种纯粹的人工作业法,由潜水员携带水下摄像机潜入水底对检测区域进行全方位拍摄,并亲手逐个摸索检测区,切身感受是否出现裂痕或破损等病害。水下目视检测一般分为两种:

①一般性外观检查(Ⅰ类目视检查)。由检查人员通过目视和水下摄像机,对水中结构进行外观检查。目的是了解构件的损伤、损坏情况,如结构的变形、裂缝、机械损伤等。在检查过程中潜水员要随时报告检查路线、方位及检查的结果,水上人员要记录好潜水员报告的一切内容,潜水员出水后要立即同水上人员核对,并及时纠正错误的记录。

②详细的外观检查(Ⅱ类目视检查)。详细的外观检查是由持无损检测证书潜水员对结构进行详细检查,一般是对检查方案规定的测点、业主要求和出现病害的部位进行检查。在检查前需要对检查对象进行相应的清理,针对结构损伤面积、位置等进行测量,检查结果以定量的数据或图片进行描述。

该方法是在桩顶安放速度传感器并在桩顶施加竖向激振力,产生的弹性波沿桩身向下传播,当下行的弹性波在桩身存在明显的波阻抗界面(如桩底、断桩、缩径、扩径或离析等部位),就会产生一个上行反射波;检测仪器将接收到的反射波进行数据处理,可识别桩身不同部位的反射信息,并根据反射波形的正负极性和幅度大小及其随时间的变化特征,可判断桩身的完整性和桩基混凝土的强度等级。由于该方法测试速度快,且能较为准确地判断较严重的缺陷,故常被用于带有"普查"性质的逐桩检测中。

(3)水下机器人检测。由于现有的桥梁水下基础检测方法本身存在缺陷,且应用这些方法时也存在诸多困难,因此可运用自动化设备的研究成果(如水下机器人)来进行桥梁水下基础检测的数据采集。水下机器人是集水下高技术于一体的仪器设备,它集成了动力电源、控制、推进、导航等仪器设备,还按照不同的应用目的相应配置了不同类型的探测仪器。水下机器人是人类智能和各种感官器官在水下的延伸,可利用水下机器人进行水下检测和研究作业,去完成人类肌体无法适应的各种水下环境的检测探索和研究。目前已研制的观测型水下机器人可应用于代替潜水员观察和水下设施检测等方面。因而,在桥梁水下基础的检测过程中,可考虑以遥控水下机器人为载体,在机器人上配备浅剖声呐、高频成像声呐等检测传感器,使之成为一个装备有声、光、电等多种先进传感器的综合体,实现桥梁水下基础检测的数据采集,并结合目前桥梁健康监测研究中较为先进的损伤识别技术对数据进行识别和综合诊断,从而建立一个完整的桥梁水下基础检测诊断与评估体系。

此外,桥梁水下基础的缺陷诊断与评估可考虑结合使用专家系统。如果仅有深厚的理论基础而没有丰富的专家经验,或仅有丰富的专家经验而没有深厚的理论基础,则诊断与评估结果往往会发生较大偏离。因为人工神经网络具备学习能力,但不具备解释能力;而专家系统是基于符号的推理系统,虽具备解释功能,但获取知识困难,因此将专家系统和人工神经网络结合起来,建立损伤智能诊断系统,可综合诊断桥梁水下基础病害。

1.2.2 桥梁水下结构管养工程的实施

基于上述认识,桥梁水下结构的检测加固已经不是单纯的设计或施工问题,而是正在向综合成套技术的方向发展。桥梁水下结构管养工程的实施过程也因此日益丰富,典型过程包括以下几个阶段:

(1)巡查、检查数据和水文资料的调阅,现场病害情况调查。

本阶段对已有的桥梁巡查、检查数据以及相关的水文水质资料进行全面调阅,以了解桥梁病害形成和发展的历程;同时到现场进行详细的病害调查,必要时可以进行一些水下检测工作,以准确确定桥梁水下结构病害的具体情况,为下个阶段结构运营状态评估提供基础资料。

(2)运营状态评估。

在原有设计方案的基础上,根据结构当前的病害程度进行相关水下结构的状态识别和评估。以往这些工作是加固设计的一部分,但对于重要的桥梁、复杂结构或病害严重的结构,还需要通过荷载试验,或是特殊的状态评估技术进行比较精细的运营状态识别工作。

(3)加固方案设计和比选。

在对结构运营状态进行判别的基础上,可以综合考虑各种水下结构加固技术进行加固方案设计。加固设计需要考虑桥梁水下结构的特点,对加固方案从技术可靠、综合实施、对正常运营的影响等多方面进行考虑。与新建桥梁的设计不同的是,为了保证加固过程的安全,加固设计需要对施工过程和施工要求进行更加深入的考虑和细致的交代。与上部结构的加固设计相比,水下结构的加固设计更需要注重方案的可实施性、安全性和经济性。

(4)加固施工。

加固施工要按照加固设计的要求具体实施。桥梁水下加固施工有别于普通的上部结构加固施工,具有作业环境复杂、作业危险性大的特点,这就需要加固施工之前做好周密的组织管理和安全准备工作。另外,桥梁水下加固施工技术也快速发展,各种新材料、新工法往往在进入规范之前,就已经在具体工程中应用和实施了。因此加固施工的特点是除了严格执行加固设计外,往往还需要对施工验证的标准或施工实施的具体过程进行专门的审查和评定,这也对加固施工的组织提出了更高的要求。

(5)加固施工过程监测。

加固施工过程的监测是近几年加固成套技术的重要组成部分。主要的工作内容是对加固过程中结构的状态进行实时跟踪,对关键的结构响应参数进行监测,从而达到对加固过程进行安全预警和对加固状态进行评估的目的。常见的加固监测如支座更换过程对结构应力状态的监测、体外预应力加固施工过程对预应力的监测等,一些特殊的监测过程往往还是最终施工质量评定的依据,如对桩基防护工程的监测等。

(6)加固效果评价和验证。

由于桥梁的水下结构具有一定的隐蔽性,对于重大的、涉及结构总体安全性的水下结构加固过程,在全部加固结束后还应开展加固效果的评价。这里的评价除了简单的施工质量评定外,特别需要强调利用荷载试验等技术进行的加固效果验证。从目前的技术水平看,荷载试验是最为广泛接受的结构总体安全性能评价方法;对于加固后的结构进行针对加固效果开展的试验也是最为可靠的验证方法。与常规的荷载试验比较,加固效果验证的荷载试验对方案设计的要求更高,要求能够体现加固前后的性能差异,同时不对结构后期运营造成影响。

1.3 工程实例总述

国道 G325 线的建设将有效地疏通珠江三角洲经济区路网的瓶颈,加快项目沿线及整个珠江三角洲地区经济发展的步伐。九江大桥是国道 G325 线跨越西江的桥梁,它跨越的西江是内河 I 级航道,又是国家规划的水运主航道和广东省通航 3 000t 级海轮航道,该航道往下可经虎跳门水道出海。西江下游肇庆—虎跳门(含虎跳门水道)航道整治工程于 2006 年上半年全部完工。

国道 G325 线跨越西江的九江大桥与佛开高速公路的九江大桥并行而建。G325 线位于河流上游,佛开高速公路的扩建工程位于两桥之间,已于 2009 年底竣工通车。

九江大桥位于国道 G325 线南海段,全长 1 675.2m,自佛山市南海区九江镇起连接鹤山市沙坪镇,跨越珠江水系宽 1 305m 的西江主干流,是广湛公路干线上的一座特大型公路桥梁(图 1.3-1)。该桥于 1988 年 6 月建成通车,至今已有 19 年的运营史。九江大桥为西南—东北走向,由南、北岸空心板引桥和南、北岸主桥副孔顶推连续梁桥及主桥斜拉桥组成。南、北岸引桥均设计为 16m 跨径先张法预应力混凝土桥面连续简支空心板梁;南主桥侧(湛江岸)副孔设计为 40m + 13 × 50m 预应力混凝土顶推连续箱梁桥,北主桥侧(广州岸)副孔设计为 40m + 6 × 50m 预应力混凝土顶推连续箱梁桥;由北向南跨径组合为(13 × 16)m + (40 + 6 × 50)m + (2 × 160)m + (13 × 50 + 40)m + (7 × 16)m,下部构造均采用钻孔高桩承台基础。顶推连续箱梁桥桥面铺装为 8cm 厚防水混凝土铺装,空心板梁桥桥面铺装为 8 ~ 18.5cm 厚防水混凝土铺装。在斜拉桥第一、第二次调索之间,全桥又增加铺装 3cm 厚沥青混凝土桥面。

a)

b)

图 1.3-1 G325 线九江大桥外观图

该桥桥面宽16m(包括两侧防撞护栏),桥面净宽14m,三车道,桥梁纵坡2.6%;设计荷载为原汽—20级,原挂车—100,人群荷载3.5kN/m^2。

桥墩编号由北岸向南岸为0~43号,各桥墩均为桩基结构,其中0~12号桥墩桩基直径为1.2m,13号桥墩桩基直径为2m,14号桥墩桩基直径为2.5m,15~19号桥墩桩基直径为2m,20~21号桥墩桩基直径为2.4m,22~36号桥墩桩基直径为1.7m,37~43号桥墩桩基直径为1.2m。

2009年对国道G325线九江大桥实施了修复工程,主要是原24号墩为独塔、跨径为100m的斜拉桥,修复后大桥跨径组合为:13×16m空心板+(40+6×50)m顶推箱梁+2×160m独塔斜拉桥+2×100m独塔斜拉桥+(9×50+40)m箱梁+7×16m空心板,全长1 670m,即于修复前减少了23号与25号桥墩,见图1.3-2。此外,11~35号墩位于河道内(含两岸滩地),其中11~15号位于河滩上,20~22号、24号、26号为主墩。

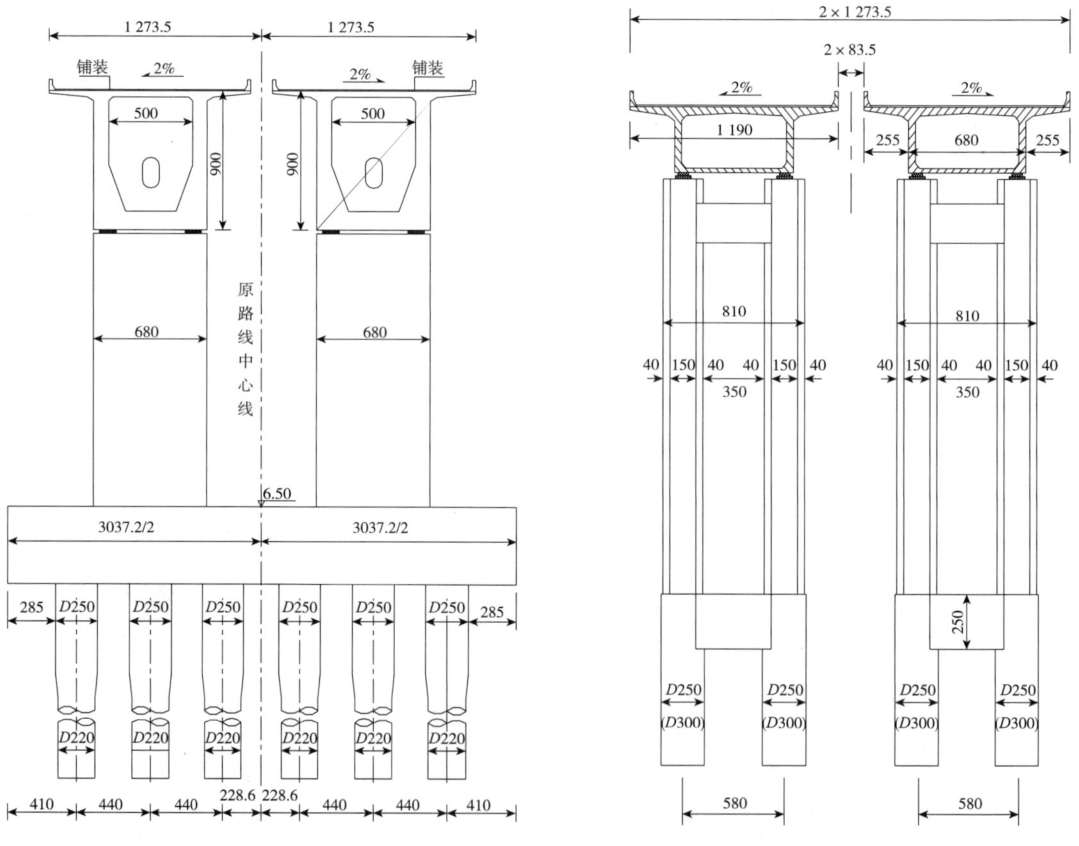

图1.3-2 主墩立面示意图(尺寸单位:cm)

a)主墩(22~24号);b)边墩(20号、26号)和次边墩(21号、25号)

2009年扩建的佛开高速公路九江大桥通车(图1.3-3),主桥上部结构采用(100+2×160+100)m连续刚构桥,单箱双室断面;水中引桥佛山侧采用(40+4×50)m刚构—连续组合梁桥,开平侧分别为6×50m连续刚构桥与(5×50+40)m刚构—连续组合梁桥;岸上引桥跨堤、路采用(18 + 28 + 18 + 16)m 等高连续箱梁;其余岸上引桥采用 16m 跨先张法预应力混凝土宽幅式空心板。

图 1.3-3 扩建的佛开高速公路九江大桥

主桥下部主墩采用箱形薄壁墩配 9ϕ2.8 ~ 9ϕ2.5m 变直径群桩基础,过渡墩采用双柱式矩形墩配 4ϕ1.8m 群桩基础。水中引桥下部采用 200cm × 250cm 的双柱式方形墩配 4ϕ1.8m 群桩基础。(18 + 28 + 18 + 16)m 跨箱梁下部采用 ϕ1.5m 柱配 ϕ1.6m 桩的双柱式墩。引桥 16m 跨空心板下部采用 ϕ1.2m 柱配 ϕ1.4m 桩的双柱式墩。桥台均为四柱式台,钻孔灌注桩,桩径为 ϕ1.4m。此外,13 ~ 40 号墩位于河道内(含两岸滩地),其中 13 ~ 17 号、36 ~ 40 号位于河滩上,20 ~ 23 号为主墩。

该桥位设计通航标准为 I 级航道,船舶撞击力按 3 000t 级海轮取用,纵桥向取 980t。经静力计算并考虑到现状,主墩每片薄壁墩内设置 5m 高的实心段后,墩身自身可抵抗船舶撞击力,因此未设其他防撞设施,但在使用过程中设置通航标志。

佛开高速公路九江大桥位于 G325 国道九江大桥下游 50m 处,桥址处河宽 1 470m。主桥为 6 孔一联(50 + 100 + 2 × 160 + 100 + 50)m 预应力混凝土连续箱梁,南段边孔为 50m 孔的多孔预应力混凝土等截面连续箱梁,11 孔一联(40 + 11 × 50)m,北段边孔为 4 孔一联(40 + 3 × 50)m 的预应力混凝土等截面箱形连续刚构,两岸引桥为 16m 跨钢筋混凝土简支T 形梁,南北岸分别为 13 孔和 16 孔。大桥全长 1 819.16m。跨径组合为(16 × 16 + 40 + 4 × 50 + 100 + 2 × 160 + 100 + 11 × 50 + 40 + 13 × 16)m。

该桥基础全部采用钻孔灌注桩,总共 242 根,其中水中 114 根。桥台为 4ϕ1.5m,桥墩为 4ϕ1.2m,全部位于岸上,边孔连续梁(刚构)部分,每墩为 4ϕ2.5m(16 ~ 21 号墩和 29 ~ 37 号墩)和 4ϕ3.0m(25 ~ 28 号墩)两种桩径,除 16 ~ 18 号和 37 号墩位于岸上外,其余均为水中桩。主墩 22 ~ 24 号墩每墩 18ϕ2.5 ~ 18ϕ2.2m 变截面桩,全部位于深水区。

1996 年,在 G325 国道九江大桥下游建成佛开高速公路九江大桥(图 1.3-4),两桥之间为新建成的佛开高速公路扩建九江大桥。3 座桥相对位置关系如图 1.3-5 所示。可见,南岸 50m 跨部分, G325 国道九江大桥和佛开高速公路扩建九江大桥的净距为:桥面 8.032m,承台 13.252m，桩基净距 16.102m；G325 国道九江大桥与佛开高速公路九江大桥中心间距 50m，桥面净距 29.12m，桩基净距 34.314m。

图 1.3-4　佛开高速公路九江大桥外观图

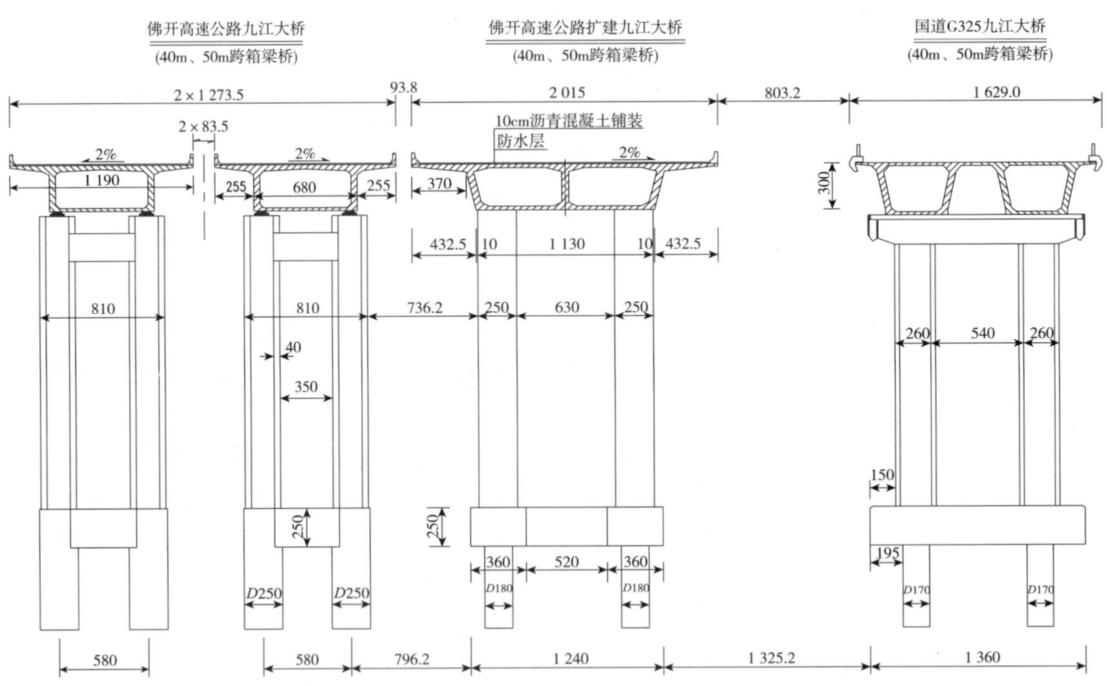

图 1.3-5　九江大桥 3 座桥位置关系图(尺寸单位：cm)

第2章　桥梁水下桩基病害及检测

2.1　桥梁水下结构常见病害

桥梁水下结构的使用条件和使用环境较之水上结构更为恶劣。水下较高的静态应力和疲劳应力、河水冲刷、淘刷、磨损、气蚀、严寒地区的冻融和侵蚀(化学腐蚀和电化学腐蚀)、船舶碰撞、浮冰及地震袭击、环境荷载(如生物附着)和桥梁上部结构传递的工作荷载等,均易导致桥梁水下结构形成各类损伤、缺陷,且不易被发现。这些损伤、缺陷导致桥梁承载能力和耐久性降低,严重危及行车安全和桥梁的寿命。

对于水下结构中的桩基,通常会出现裂缝、冲刷、腐蚀等常见病害。混凝土结构物产生裂缝几乎不可避免,洪水冲击河道巨石或漂浮物并撞击桥基导致桥梁受损,而水下桩基腐蚀病害一般的表现形式主要有:钢护筒锈蚀、桩体混凝土保护层剥落、钢筋锈蚀等。

2.1.1　施工质量缺陷

施工质量缺陷是指桩基因施工不当而引起的病害,主要有混凝土表观质量差、钢筋外露、钢筋笼偏位、混凝土保护层厚度不足,桩头混凝土夹泥、多孔、强度不足等。深埋桩身受上覆土的保护,一般的施工质量缺陷不会对桩基承载能力和耐久性造成严重损害;但浅埋桩身和水中桩身,特别是因冲刷而外露的桩身段,易因混凝土质量差而形成冲蚀和钢筋锈蚀等病害(图2.1-1)。

图2.1-1　某桥浅埋桩基耐久性病害

2.1.2　混凝土开裂

墩身开裂的裂缝大致可以分为水平裂缝、竖向裂缝和网状裂缝。因墩身混凝土浇注一般属于大体积混凝土的浇注,必然会设置水平或竖向灌注接缝。若施工时处理不当,会导致墩身水平或竖向裂缝的产生。墩身竖向裂缝一般从基础向上开展,呈现出下宽上窄的形态,主要是地基软弱或者基础发生不均匀沉降引起。另外,由于施工后混凝土水化热和内外温差变化以及混凝土收缩徐变的影响,混凝土将产生应力,使得墩身出现网状裂缝(图2.1-2)。

2.1.3　河床冲刷

冲刷是指组成河床的泥沙颗粒被水流冲走,致使河底高程降低或河岸后退,使得位于土层下部的桩身外露从而降低桩基承载能力，而且冲刷外露桩基因本身质量较差，易发生冲蚀和环境腐蚀（图 2. 1-3、图 2. 1-4）。

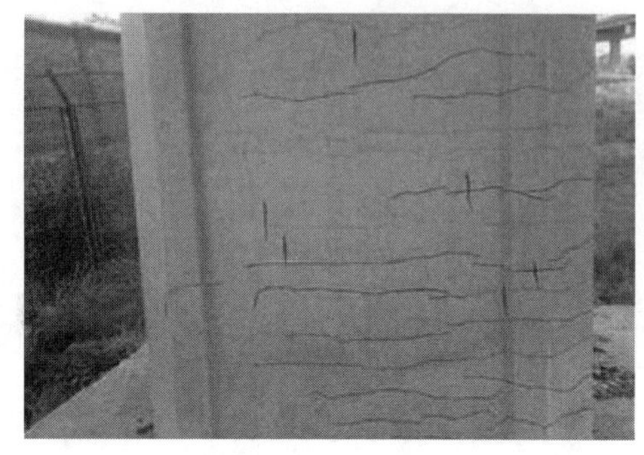

图 2. 1-2　桥梁墩身开裂

图 2. 1-3　桥墩桩基冲刷病害

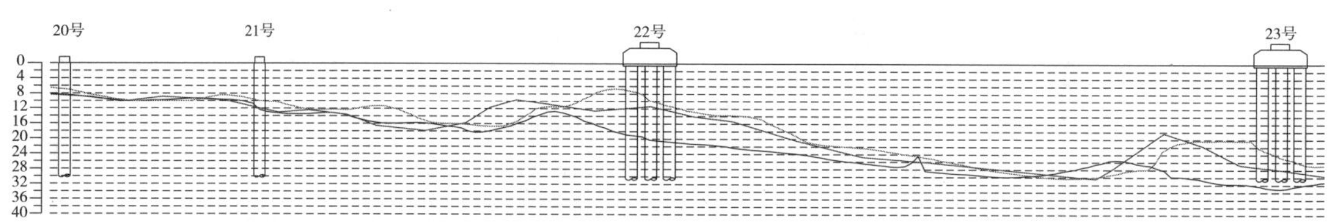

图 2. 1-4　佛开高速公路九江大桥 2011 ~ 2013 年河床冲刷断面示意图（尺寸单位：m）

图 2. 1-5　水下桩基钢护筒锈蚀病害

2. 1. 4　钢护筒锈蚀

钢护筒是桩身施工时的附属工具，在浇筑桩身时预埋在桩孔内，起到成孔护桩的作用，桩体浇筑好之后钢护筒与桩身连在一起，一般不需拆除。钢护筒锈蚀仅是护筒外部的钢板锈蚀，病害较为常见，也较轻微，如果桩体仅存在这个病害而桩身保护层混凝土仍然完好（无裂缝、无露筋），可以不处理，进行日常的跟踪观察即可（图 2. 1-5）。

2. 1. 5　钢筋混凝土破损与钢筋外露

混凝土微裂缝的存在是其耐久性能退化的根源，环境中的侵蚀介质都将沿着裂缝通道进入混凝土。而桥墩本身存在微裂缝，水会通过微裂缝进入墩身混凝土保护层，直至到达钢筋所在的位置。此后钢筋会在水的作用下发生锈蚀现象，体积膨胀，混凝土保护层随之崩裂。墩顶混凝土破损一般是因为支座尺寸过小，应力集中造成对墩顶的压强过大，加上重载交通的作用，导致墩顶混凝土出现破损（图 2. 1-6、图 2. 1-7）。

a)

b)

图 2. 1-6 佛开高速公路九江大桥混凝土破损情况

a)

b)

图 2. 1-7 桥梁墩柱钢筋锈蚀病害

2. 1. 6 钢筋锈蚀

钢筋锈蚀是桩体保护层剥落后，钢筋直接裸露接触外界，从而被锈蚀、破坏；或是钢筋保护层没有被破坏，而水或氯离子从保护层的空隙中侵入，导致钢筋被锈蚀，自身体积增大，保护层被胀裂，最终产生剥落（图 2. 1-8）。

2. 1. 7 病害成因

桩基保护层剥落、钢筋锈蚀病害的产生与桩身质量、水环境、桩柱抗腐蚀性有很大关系，现总结如下。

（1）施工质量原因：一是所浇筑的混凝土性能不佳，密实度差，凝结效果达不到要求，导致成桩后混凝土孔隙过大，水能较易侵入内部腐蚀钢筋；二是由于施工组织不力，造成灌注桩基水下混凝土时间过长，混凝土在初凝时间内不能完成浇注，流动性丧失，难以挤入钢筋网外层形成保护层，导致桩身露筋；三是灌注水下混凝土后期，导管上部的进料漏斗底口与井孔水面或桩顶的高差过小，灌注压力不足，这不但会使混凝土难以挤压形成保护层，而且采用提高导管挤压混凝土的方法，还会造成泥浆侵入桩身，形成夹层，进而断桩。

a)

b)

图 2.1-8 水下桩基混凝土剥落钢筋外露锈蚀病害

(2)部分跨河、跨海桥梁河床为砂砾层,在运营过程中,由于河流上、下游人工采砂及流水自身潮汐涨落等原因造成河床逐年降低,致使桩基外露、桩身加长,受冲刷面积变大。

(3)部分通航桥梁在运营过程中,水下桩基被过往船只碰剐,没有及时发现,导致剐伤处不断被侵蚀,发展成腐蚀病害。

(4)桩柱混凝土防水性能不高,没有进行有针对性的结构防腐蚀的耐久性设计,抗腐蚀性能不强。我国过去颁布的混凝土结构技术标准中,对工程耐久性和使用年限的要求较低,很多桥梁并没有进行专门的混凝土防腐设计,在运营过程中,如果桩基处于化学腐蚀较严重的环境,如受到氯盐、硫酸盐等物质的侵蚀,则会出现混凝土剥落、钢筋锈蚀的病害。

2.2 桥梁水下结构的检测技术

随着桥梁运营时间的延长,交通量不断增加,荷载等级逐渐提高,以及受环境条件和桥梁施工阶段留下的隐患等影响,桥梁在运营过程中会出现各种各样的病害,其中包括桥梁水下基础的病害。桥梁的水下结构作为桥梁结构重要组成部分,承担着将上部结构荷载传递给地基的重要任务,其病害的发生、发展直接影响桥跨结构的实用性和耐久性,严重时还会危及桥梁的运营安全。因此桥梁水下结构的检测对于保持桥梁的正常运营至关重要。基本的桥梁水下结构的检测方法如下。

2.2.1 超声脉冲检测法

超声脉冲法又称声波透射法,是桩基完整性检测中的一种重要方法。它是预先在桩内预埋放置探头的声测管,根据接收探头接收到的穿透桩基内部混凝土的声波信号所携带的信息来推断混凝土的质量状况。

1)超声检测的基本方式

根据声测孔的布置,可将声波透射法测桩分为 3 种方式,即桩内双孔探测、桩内单孔检测和桩外孔检测。

(1)桩内双孔探测。桩内双孔探测法又称为桩内跨孔探测法,是在桩内预埋两根或两根以上的声测管,发射探头和接收探头置于不同的两个声测管内,如图 2.2-1a)所示。其检测过程可以描述为:声波脉冲由发射探头发出,穿过两个声测管之间的混凝土而被接收探头所接收,其实际有效的检测范围为从发射探头到接收探头所扫过的面积。声测管的合理布置可以使探测的有效探测范围尽可能地扩大,《超声法检测混凝土缺陷技术规程》(CECS21:2000)中对声测管的埋置规定:当桩的直径在0.6~1.0m时,宜埋2根声测管;当桩的直径在1.0~2.5m时,宜按等边三角形方式布置3根声测管;桩径大于2.5m时,应埋4根声测管。在实际施工中,为了保证检测的可靠性,对于桩径大于2.5m的桩,通常用正N边形的方式布置大于4根的声测管。声测管之间要尽量保持平行,否则因声测管不平行而测得的数据将要进行修正,会增加数据处理的困难。

桩内跨孔检测时,根据声波换能器在声测管中相对位置的差异,跨孔检测法又可分为平测、斜测和扇形扫测3种方式,如图2.2-2所示。

(2)桩内单孔检测。在某些特殊情况下只有一个孔道可供检测使用,例如钻孔取芯后,需进一步了解芯样周围混凝土质量,作为钻芯检测的补充手段,这时可采用单孔检测,如图2.2-1b)所示。在此情况下,发射探头和接收探头置于同一个孔中,它们之间用隔声材料隔开。声波的传播路径为由发射探头到耦合介质(一般为水)再到混凝土,最后被接收探头所接收。此时,接收到的信号只能反映孔周围混凝土的信息,其他信号因扩散而不被接收探头所接收。单孔法检测时声脉冲传播路径较其他方法复杂得多,接收探头所接收的信号也更为复杂,须采用信号分析技术才能得到有用的信息。此方法不适用于检测通道内有钢管的情况,因为钢管会阻隔声脉冲在混凝土内的绕行。

(3)桩外孔检测。是指在桩内没有埋置声测管或声测管在施工过程中被损坏的情况下,可在桩基外部紧贴着桩的土基中钻一孔作为检测通道,再利用平面探头在桩顶发射声脉冲,通道中利用接收探头接收声波对桩基进行检测,如图2.2-1c)所示。由于声波在土壤中衰减极快,因此所钻的孔在不损坏桩的完整性的情况下必须紧贴桩身。检测时,先将桩基顶部磨平并涂上耦合剂,然后再在桩顶放置一发射功率较大的声波平面发射探头,向下沿桩身发射声波信号,接收探头从桩外孔中缓慢放下。声波信号穿透桩身及桩身与孔之间的土层再被接收探头所接收,逐点测出各声学参数,作为判断依据。这种方法很大程度上受仪器发射功率的影响,探测深度极为有限(一般只能探测10m左右),且只能判断断桩、缩颈、凸肚等缺陷,因此只在不得已的情况下使用。

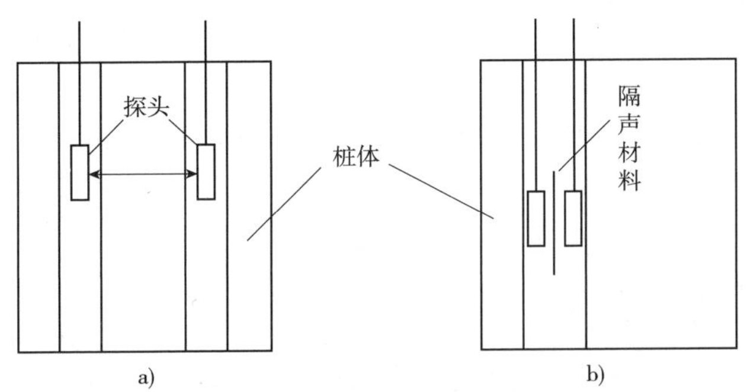

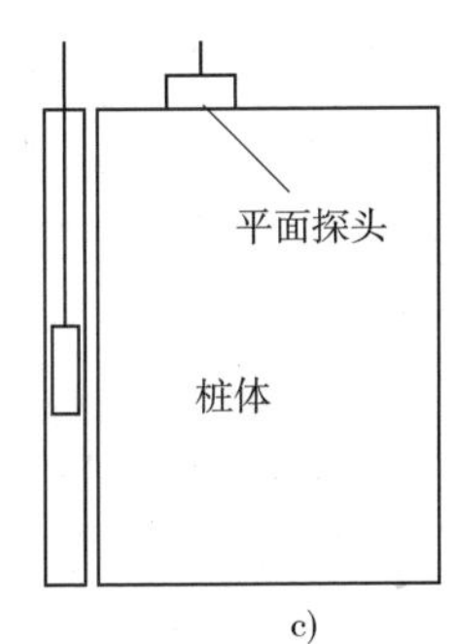

图2.2-1　超声脉冲法基本检测方式

a)桩内双孔检测;b)桩内单孔检测;c)桩外孔检测

以上3种检测方法中,运用最广、技术最成熟的是桩内双孔检测。其他两种检测方法因其本身的局限性一般只是作为特殊情况下的补救措施。

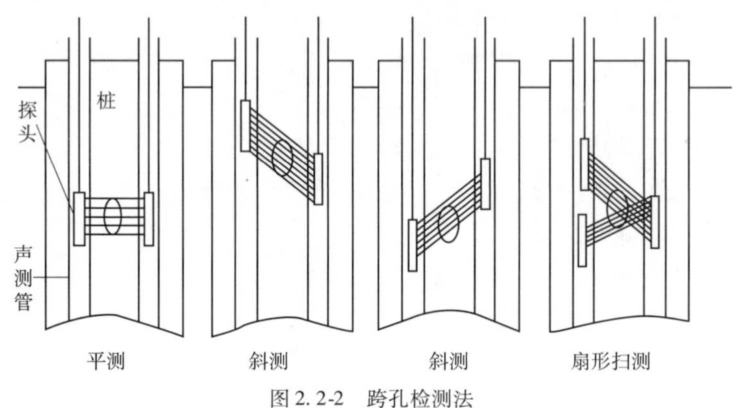

图2.2-2　跨孔检测法

2)桩基混凝土质量判别有关的物理参数

桩基内部混凝土的质量状况,要根据声速、声能衰减和由二者推定的统计参数来判别。

(1)声速与桩基混凝土强度及匀质性的关系。声速与混凝土的弹性模量、相对密度以及泊松比密切相关,而这些参数表征了与混凝土强度及均匀性相关的混凝土弹性性质,所以声速与桩基的强度及匀质性具有良好的相关性。虽然通过声速值可以推断混凝土的强度等级,但是声速与强度的相关性也受其他一些因素的影响,比如不同配合比的混凝土有不同的"声速—强度"相关曲线,因此常根据一定配合比和原材料条件的混凝土,并制成"声速—强度"校准曲线,在检测中作为推定强度的依据。

(2)声能衰减值与桩基强度及均匀性的关系。由于影响"声速—强度"的相关关系的因素有很多,对于一些施工环境较差的桩基(如水下灌注桩),这些因素对"声速—强度"的相关关系的影响更大。此时,用相同的"声速—强度"相关关系去推断桩体的强度所造成的误差较大。在这种情况下,可以采用"声速—声能衰减—强度"综合法来推断其强度值。这种方法可以排除离析的影响,因而可以提高强度的推定精度。用于推定强度时,衰减值的测量一定要准确,并排除耦合条件等因素的影响。

3)超声脉冲法的基本程序

在对桩基检测之前,要认真阅读和分析桩所处地的岩土工程勘察资料,桩的设计计算资料以及图纸、桩的位置平面图和编号、基桩施工原始记录、混凝土灌注龄期等资料。这些材料对检测结果的判断会有辅助作用,例如声测管的接头处会引起声时—深度曲线的突变,这时如果单纯依靠检测的数据来判别,容易引起误判,所以认真分析这些材料对于检测结果的准确性具有重要意义。

现场检测主要有以下步骤(图2.2-3):

(1)将声测管伸出桩外的部分打磨至同一高度,一般要高出桩顶300mm,并在管内灌满清水。管内的清水作为耦合剂一定要相对纯净,不能浑浊,否则会造成声能衰减过大,给检测结果的判断带来严重影响。

(2)采用直径比声波探头略大的钢棒作为吊锤疏通声测管。

(3)测量管之间的距离,量测精度为±1mm。

(4)在操作界面上设置参数,其中包括工地名、管距等。

(5)将发射探头和接收探头分别置于两个声测管中,并将其放至桩的底部,根据与探头相连的电缆上的尺寸标号记录桩的实际长度,然后逐点向上提升,记录每个检测剖面的检测数据。同时在检测过程中要不断校核两个换能器所处的高度(图2.2-4)。

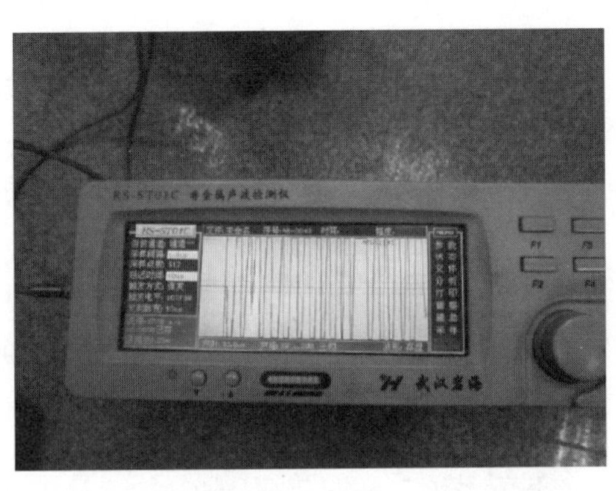

图2.2-3 检测仪器操作界面

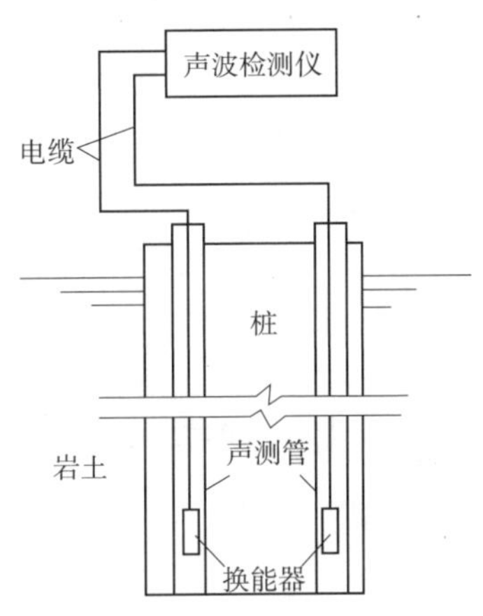

图2.2-4 超声脉冲检测法原理示意图

2.2.2 钻孔取芯法

钻孔取芯法直接在灌注桩上钻取圆柱形芯样,用局部区域(芯样)的混凝土强度代表桩身混凝土强度,通过取芯过程和芯样观察(包括切片),对桩身完整性进行描述(图2.2-5)。它具有施工周期短、对桩破坏小、取得资料全面可靠、经济效果好,以及发现问题便于采取补救措施等优点。由于此法比较直观,它不仅能通过取芯观测混凝土的灌注质量、配合比,砂、石、水泥拌和均匀度,核实灌注桩桩长,而且能正确判断和检查桩底沉渣厚度、缩径、夹泥、混凝土与桩底基岩状况。若钻孔穿过桩底适当深度,还可进一步查明桩端持力层的情况和持力层下面是否有软弱夹层,还可探查扩底桩扩大端的实际直径等数据是否符合设计要求。但钻孔取芯法由于芯样小,灌注桩的局部缺陷往往难以发现,而且钻孔垂直度要求很严,采芯率要求很高,施工要求操作水平高,并应严格遵守国家有关安全技术、劳动保护的规定。

a)

b)

图2.2-5 桩基钻孔取芯检测

此外,钻孔取芯法检测桩身混凝土质量的方法属于局部破损检测法,当桩身混凝土局部强度过低或混凝土胶结较差时,钻芯过程中容易破坏砂浆与粗集料之间的黏结力,影响检测结果的准确性。据研究,当混凝土强度低于10MPa时,钻出的芯样表面变得比较粗糙,甚至很难取出完整芯样,因此对于局部强度等级低于C10的桩身混凝土或龄期较短的混凝土,一般不采用钻孔取芯法检测,以保证检测结果的准确性。对于较大断面的灌注桩而言,钻孔取芯法检测的只是局部强度,当局部强度较低时应增加测点数量,以免以偏概全,导致误判。

钻孔取芯法的施工要求如下:

(1)确定钻孔位置。灌注桩取芯的钻孔位置应根据需要与委托方共同商议确定。一般当桩径小于1 600mm时,宜选择在桩中心钻孔,当桩径等于或大于1 600mm时,钻孔数不宜少于2个。

(2)芯样的直径必须大于集料最大粒径的要求,若不能满足此要求,在芯样直径能大于集料最大粒径1.5倍时,允许避开粒径集料抗压芯样。芯样直径有55mm、71mm、91mm和100mm等几种,钻头应是金刚石或人造金刚石钻头,符合中国工程建设标准化委员会标准《钻芯法检测混凝土强度技术规程》(CECS03:88)中的有关规定,用单动双管岩芯管。

(3)混凝土采取率要达到100%,若确有困难,也应保证采取率大于95%,桩底以下的岩芯采取率应大于85%。否则影响检测结果的准确性。

(4)钻孔垂直度要求高,要求钻具达到桩底前不穿出桩身。

(5)为确保检测质量,应按以下操作要求施工:

①安置钻机。钻孔位置确定后,应对准孔位安置钻机。钻机就位并安放平稳后,应将钻机固定,以便工作时不致产生位置偏移。固定方法应根据钻机构造和施工现场的具体情况,分别采用顶杆支撑、配重或膨胀螺栓等方法。

②施钻前的检查。施钻前应先启动钻机检查主轴的旋转方向,当旋转方向为顺时针时,方可安装钻头,并调整钻机主轴的旋转轴线,使其成垂直状态。

③开钻。开钻前先接通水源和电源,将变速钮拨到所需转速,环向转动操作手柄,使钻头慢慢地接触混凝土表面,待钻头入槽稳定后方可加压进行正常钻进。开孔时可用短钻具和合金钻头,待钻至1m左右深度后再换用金刚石钻头钻进。

④钻进取芯。在钻进取芯过程中,应保持钻机的平稳,钻速不宜小于140r/min,钻孔内的循环水流不得中断,水压应保证能充分排除孔内混凝土料屑,循环冷却水出口的温度不能超过30℃,水流量宜为3~5L/min。每次钻孔进尺长度不宜超过1.5m。提钻取芯时,应拧下钻头和胀圈,严禁敲打卸取芯样。卸取的芯样应冲洗干净后标明深度,按顺序置于芯样箱中。当钻孔接近可能存在裂缝或混凝土可能存在疏松、离析、夹泥等质量问题的部位以及桩底时,应改用适当的钻进方法和工艺,并注意观察回水变色、钻进速度的变化,做好记录。钻孔深度视委托方的要求而定,一般进入桩底持力层0.5~1.0m即可结钻。若需对地质报告中有关持力层的特性做进一步检验及准确查明桩底以下近桩底处是否有软弱夹层,则钻孔穿过桩底的深度宜超过1.5倍桩径(扩底桩按扩大端计)。

⑤在钻孔取芯过程中,应做好施工记录,对异常孔段和终孔及时验证孔深,对芯样应逐段进行地质描述,对有缺陷的芯段及桩底与基岩交接嵌合部位进行必要的素描和拍照,最后提交《混凝土灌注桩钻孔取芯检验报告》。

⑥桩身混凝土钻芯后所留下的孔洞应及时用水泥砂浆进行修补,以保证桩基强度。

2.2.3 水下目视检测法

水下目视检测技术与水下磁粉检测、水下超声波检测等，同为水下无损检测技术的主要分支。与其他无损检测方法相比，由于水下目视检测方法简单、操作方便及应用面广，已成为目前对海洋工程结构件、水库及码头设施进行质量检查应用最多和最主要的技术方法。由于受到水深、波浪、潮汐、能见度、水温及其他环境条件的制约，并对水下无损检测人员的技术水平与身体素质有较高的要求，因此，水下目视检测技术存在着许多特殊的困难，无论是方法、类型还是内容、手段，都与陆上常规的目视检测有较大的差异。

1）水下目视检测的方法

水下目视检测的方法一般有水下外观检查、水下摄影、水下录像、水下测厚及水下电位测量等（图2.2-6）。

a) b) c) d)

图2.2-6 水下目视检测

（1）水下外观检查。水下外观检查是水下目视检测最常用的方法，内容十分广泛。在平台及海底管线安装、铺设之前，首先要对海底及海底线路进行水下勘察，查清平台海底部位及管道线路等区域的障碍物和地形情况。应特别注意岩石露头、大漂石、不规则海底、海沟、沙脊、冲刷与淤积带等特殊地形地物及其变化，以及沉船海底装置、海底电缆等障碍物。在平台等海上设施的年度检查中，水下目视检查的主要内容有机械损伤检查、腐蚀的检查、海生物的检查、阳极块的检查、基础冲刷的检查，以及对立管的支撑结构、螺栓、法兰、连接件等的详细检查。在对水库及码头等设施的水下外观检查时，主要内容有裂纹的宽度、深度以及走向和长度，混凝土结构的检查、基础结构的检查等。

（2）水下录像。由于外观检查不能提供令人信服的记录，这使得水下录像得以推广。水下录像可以是在水下独立完成，也可以通过与水下同等的监视屏幕由陆上人员指挥潜水员进行。目前，对一些重要设施的水下目视检测，均要求进行水下录像。随着水深加大，海水能见度越来越差，要求的辅助照明装置、通信装置都更加复杂，对潜水员的水下作业造成很大困难，同时还影响画面的清晰度；海中的潜流、涌浪等也会对镜头定位的稳定性不利，造成画面起伏摇摆。对此一般要采取一些特殊的手段，如采用饱和潜水装置、加大照明功率等等。当水深超过200m时，一般不再由潜水员进行作业。

水下录像设备一般要求满足水密性和水压性等方面的性能，同时要求便于操作。目前，除了商品化专用水下录像设备外，还有将普通陆上录像机改装后的简易水下录像设备，但必须得到验船师的认可才能投入使用。

（3）水下摄影。水下摄影一般适用于较小范围的检测，它常常是作为水下无损检测的一种辅助记录方法。当外观检查中发现较严重的缺陷，如凹陷、阳极块脱落、腐蚀坑、过渡冲刷、防腐层脱落，以及裂纹（以混凝土砖头设施居多）、海生物情况等，一般可采用水下摄影的方法进行记录。为了对缺陷或检测对象进行定量分析，一般要求将计量尺或某参照物同时拍下来。为便于追溯，还要求将表征所摄对象的位置标记清晰地在影像中看到。

（4）水下测厚。水下测厚是水下目视检测的重要方法之一。对于钢板、管件等海上设施部件，由于腐蚀严重，必须进行水下测厚以记录它的动态状况，同时也是返修的依据。目前，对许多老龄船舶往往采用水检代替坞检的方法，水下测厚的工作量也较大。水下测厚一般由潜水员携带液晶显示的手枪式水下测厚仪进行，要求每一个部位测3点，求平均值以确定厚度值。在进行水下超声波探伤时，也要求对被检对象如板材、管材的实际厚度做水下测量，以得到准确的背景材料以防止漏检与误判。

（5）水下电位测量。为了测定海洋结构件防腐系统的性能及保护效果，一般要做水下电位测量检验。尤其在外观目视检测中发现的阳极块严重损坏或脱落的部位，以及其他腐蚀严重的部位，要重点测量。目前使用得最多的水下电位测量装置是Ag/AgCl/海水参比电极装置，与被检测对象为点接触，其电位值由液晶显示。要求每一个部位测3点，求平均值。测量后，应出具详尽的电位测量报告，对照有关标准做出评价。

2）水下目视检测分类

水下目视检测一般可以分为两种：①一般性外观检查（Ⅰ类目视检查）。由检查人员通过目视和水下摄像机，对水中结构进行外观检查，目的是了解构件的损伤、损坏情况，如结构的变形、裂缝、机械损伤等。在检查过程中潜水员要随时报告检查路线、方位及检查的结果，水上人员要记录好潜水员报告的一切内容，潜水员出水后要立即同水上人员核对并及时纠正错误的记录。②详细的外观检查（Ⅱ类目视检查）。详细的外观检查是由持无损检测证书潜水员对结构进行详细检查，一般是对检查方案规定的测点、业主要求和出现病害的部位进行检查。在检查前需要对检查对象进行相应的清理，针对结构损伤面积、位置等进行测量，检查结果以定量的数据或图片进行描述。

3)影响水下目视检测结果的因素

与其他所有无损检测方法一样,水下目视检测结果的准确性同样受到人、机、料、法、环、测等方面因素的影响,只是其侧重点不同而已。

(1)人。人的影响是所有因素中最活跃的因素,对水下目视检测结果影响甚大。在研究人的因素时,要注意两个方面:检测人员和以检测人员为主体组成的海洋工程服务公司人员。对水下目视检测人员来说,不仅要具备潜水员的资格,同时还要掌握陆上无损检测技术与水下目视检测的技能。水下目视检测的结果,在很大程度上取决于检测人员的正确操作与判断,与其技术水平、身体状况、情绪、责任心以及与陆上人员的配合等密切相关,要求检测人员能在各种复杂的环境条件下利用现有设备条件进行正确的工作。按国际惯例,水下目视检测人员必须接受专门考试,取得水下目视检测资格证书后方能从事检测工作。

(2)检测设备。水下目视检测技术的发展,在很大程度上取决于检测设备的更新换代。检测灵敏度和结果的准确性,与设备状况息息相关。就水下录像而言,开发高清晰度微光水下摄像机迫在眉睫。现有的水下摄像机,主要在水密性、耐水压性等方面技术性能较好,但画面的清晰度以及视野不是十分理想。水下测量以及水下记录的设备较为落后,精度不够,有的甚至过于复杂不便于操作。水下清理设备,如机械装置难于携带、工作量大;水枪等有较大危险性;液压式清理装置相对安全,但操作较困难。现有水下测厚、电位测量装置难以校正精度,也是一个缺点。所有这些,对检测结果的准确性都有较大影响,不可以忽视。讨论设备的影响,值得一提的是要对其进行定期的计量标定,否则,无法保证结果的准确。

(3)环境。对所有水下无损检测项目,环境是制约检验实施和影响水下检测结果的主要影响因素。这些环境因素主要包括:水深、水温、能见度、波浪、潮汐、涌浪、海生物以及海底状况等,它们对检测的影响既有内在联系又各有特点。

①水深。从潜水技术来说,水深是选择潜水方法的依据,也决定了潜水员的水下工作时间与减压时间。轻潜还是重潜,空气潜水还是饱和潜水,都导致水下检测方法的改变。为完成检测工作,还必须采取许多保护及附加措施。当水深过大(如超过200m),由潜水员进行水下检测工作就非常困难了,一般的检测设备也会因承受不了高压而难以胜任工作。

②水温。与气候季节以及水深相联系,水温的高低对检测工作影响也颇大。一方面轻潜时潜水员不能在过低的温度下工作,同时温度对被检物的色彩以及录像的效果大有影响。在我国,渤海和黄海地区与南海地区的水温差异较大,无论是照相还是录像,色彩的变化非常明显。

③能见度。不容置疑,能见度高,对检测实施以及提高检测灵敏度都有帮助,尤其对于提高水下测量的精度和水下摄影、录像的清晰度有帮助。在海洋状况下与在江河水域检测,区别是非常大的。在黄浦江中,水下潜水员根本无法进行测量工作,主要依靠用手触摸以获取信息,对检测内容做出判断。而在海洋结构与设施的检测中,能见度往往较好,但也取决于天气情况与水深以及水底的沉积物情况。为了有较好的能见度,必须进行照明,以充分保证获取可靠的结果。

④波浪、潮汐及涌浪。对水下目视检测来说,气候与地理条件往往也大大制约其实施。波浪高度决定潜水员所应采取的减压方式,这对水下工作来说,会受到影响;波浪与潮汐还

直接影响对飞溅区等部位的检测。在水下工作，涌浪往往能使潜水员和检测设备的定位不稳，因而使录像画面上下左右频繁摇动和摆动，对测量的精度有所影响。因此，检测人员要考虑人与设备的定位，不仅增大了工作量、缩短了水下检测时间，也容易造成较大的检测误差。

⑤海生物与海底沉积物。海生物生长情况，对水下检测具有一定影响，往往要加以清理。对于硬质或黏质海生物，其锋利的壳刃或黏液，都会对检测人员造成伤害；清理不净又对检测的结果影响较大。当海底淤泥较多时，潜水员走过或爬过以后，会使沉渣泛起，导致清晰度和能见度大大降低，也会影响检测结果。

除了以上讨论的人、机器设备与环境因素以外，影响水下目视检测结果的因素还很多，如检测的方法与手段、测量方法与设备、潜水方法等。

2.2.4 低应变法(反射波法)

低应变法是在桩顶安放速度传感器并在桩顶施加竖向激振力，产生的弹性波沿桩身向下传播，当下行的弹性波在桩身存在明显的波阻抗界面(如桩底、断桩、缩径、扩径或离析等部位)，就会产生一个上行反射波；检测仪器将接收到的反射波进行数据处理，可识别桩身不同部位的反射信息，并根据反射波形的正负极性和幅度大小及其随时间的变化特征，可判断桩身的完整性和桩基混凝土的强度等级。由于该方法测试速度快，且能较为准确地判断较严重的缺陷，故常被用于带有“普查”性质的逐桩检测中(图 2.2-7)。

a)

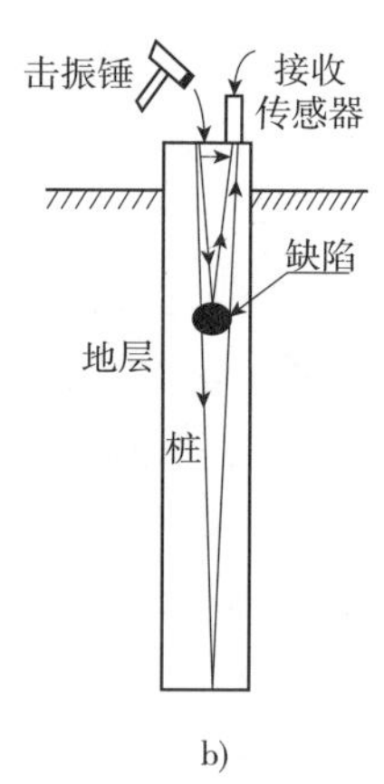

b)

图 2.2-7　低应变(反射波)检测法

1)低应变法原理简介

低应变法的理论基础是一维应力波理论。当介质的某个地方突然受到一种扰动，这种扰动产生的变形会沿着介质由近及远传播开去，这种扰动传播的现象称为应力波。

波阻抗：

$$Z=\rho CA$$

式中：ρ——密度；

C——应力波速；

A——桩横截面积。

一维直杆:$d \leqslant L$ 的杆件(L——桩长;d——桩径)。

振源:手锤锤击桩端面,点振源。

传播介质:桩长 L 远大于桩径 d,一维直杆。

传播:应力波以锤击点为中心半径向外传播,当应力波传播至桩身一定距离 S 后(一般 $S>1d\sim2d$),波振面才近似为平面。此时手锤锤击桩端认为是应力波在一维杆件中竖直方向传播。

一维杆应力波波动方程:

$$\frac{\partial^2 u}{\partial t^2}-c^2\frac{\partial^2 u}{\partial x^2}=0$$

$c=\sqrt{E/P}>0$,其物理意义就是应力波在桩身中的传播速度(一维波速)。

2)低应变检测法的优点

(1)低应变法测桩轻便、速度快(150~300 根/日)、价格便宜。

(2)可以检测到距桩顶较近部位的缺陷(相比高应变)。

(3)可以检测到轻微缺陷(相比高应变)。

(4)准备简便。

(5)操作简单。

3)低应变检测法的缺点

(1)对于多缺陷桩,应力波在桩中产生多次反射和透射,对实测波形的判断非常复杂且不准确,第二、第三缺陷的判断会有较大误差,一般不判断第三个缺陷。

(2)不能定量计算桩底沉渣厚度。对端承桩的嵌岩效果只能做定性判断。因嵌岩有时出现较强的负向反射波,会严重影响桩底反射波和桩底沉渣的判断。

(3)只能对桩身质量做定性描述,不能做定量分析。不能识别纵向裂缝。虽能反映水平裂缝和接缝,但程度很难掌握,易误判为严重缺陷。

(4)桩身渐变扩径后的相对缩径易误判为缩径,渐变缩径或离析且范围较大时,缺陷反射波形不明显。

(5)不能提供桩身混凝土强度。

4)现场检测要求

对预制桩要凿除桩顶疏松部分,对灌注桩应凿掉桩头浮浆,得到结实的混凝土质面,锤击点和传感器安装点要坚实平整,使激励点和信号接收点都能直接处于桩身混凝土母体上。用磨光机磨出相应的几个光滑小平面以便使用。

传感器的安装对现场信号的采集影响较大,理论上传感器越轻、越贴近桩面、与桩面之间接触刚度越大,传递特性越好,测试信号也越接近桩面的质点振动。传感器可采用橡皮泥或石膏、黄油等软黏性材料牢固地黏结在桩顶光滑的小平面上,黏结层应尽可能薄并具有足够的黏结强度,其安装应与桩轴线保持平行。传感器应选择冲击型加速度计或频带尽可能宽的速度计,以使其线性范围满足测试精度的要求。

根据获得的桩身完整性曲线,结合曲线具体特征以及桩型、成桩工艺、地质资料和现场施工具体情况,将工程桩结构完整性划分为4类,按表2.2-1确定。

工程桩完整性划分 表 2.2-1

类别	时域信号特征	幅频信号特征
Ⅰ	$2L/C$ 时刻前无缺陷反射波;有柱底反射波	柱底谐振峰排列基本等间距,其相邻频差 $\Delta f \approx C/2L$
Ⅱ	$2L/C$ 时刻前出现轻微缺陷反射波;有柱底反射波	柱底谐振峰排列基本等间距,其相邻频差 $\Delta f \approx C/2L$;轻微缺陷产生的谐振峰与柱底谐振峰之间的频差 $\Delta f' > C/2L$
Ⅲ	有明显的缺陷反射波,其他特征介于Ⅱ类和Ⅳ类之间	
Ⅳ	$2L/C$ 时刻前出现严重缺陷反射波或周期性反射波,无柱底反射波;或因桩身浅部严重缺陷使得反射波呈现低频大振幅衰减振动,无柱底反射波	柱底谐振峰排列基本等间距,其相邻频差 $\Delta f' > C/2L$,无桩底谐振峰;或者因桩身浅部严重缺陷出现单一谐振峰,无柱底谐振峰

注:Δf—幅频曲线上桩底相邻谐振峰之间的频差(Hz);$\Delta f'$—幅频缺陷上缺陷相邻谐振峰间的频差(Hz)。

对同一场地、地质条件相近、桩型和成桩工艺相同的基桩,因桩端部分桩身阻抗与持力层阻抗相匹配导致实测信号无桩底反射波时,可参照本场地同条件下有桩底反射波的其他桩实测信号判定桩身完整性类别。桩身完整性分类标准划分为 4 类,按表 2.2-2确定。

桩身完整性分类 表 2.2-2

桩身完整性类别	分 类 原 则
Ⅰ类桩	桩身完整
Ⅱ类桩	桩身有轻微缺陷,不会影响桩身结构的承载力的正常发挥
Ⅲ类桩	桩身有明显缺陷,对桩身结构承载力有影响
Ⅳ类桩	桩身存在严重缺陷

5)容易产生误判的原因

(1)土层变化。地层所产生的土动阻力和土静阻力对应力波有较大的影响,静阻力的特征大致相同,所以单从曲线上分析无法区分出来。这就要结合施工工艺、场地工程地质情况进行综合分析。

(2)反射波法尚不能对缺陷进行定量分析,只能根据实测曲线进行定性的判断。

(3)桩身缺陷与典型波形特征。

共性:①缺陷对反射波有放大作用;②缺陷对波的传播有衰减作用;③缺陷使波产生共振现象。

区分:①缩径不影响桩底反射,波频不变;②离析使波频、波速降低;③径与扩径一般总是伴生;④裂缝、断裂使波等间距反射,无桩底反射信号;⑤断桩往往波幅增强并伴低频叠加。

2.2.5 水下机器人检测技术

上述几种桥梁水下基础检测方法中,每种方法都或多或少存在着一些不足或缺陷。超声法虽然穿透能力强、检测设备简单、操作使用方便,但其检测结果易受混凝土中的钢筋和水分的影响;超声法检测无论是理论上还是在实际检测中都有很多不完善之处;钻孔取芯法具有直观、准确、代表性强的特点，但它对结构构件有局部破损，且对于位于深水区的基础，由于取芯速度较慢，要想取出完整的芯样则非常困难；水下目视检测法不仅要耗费大量的人力、物力，而且还很容易受到环境的影响，对于水下能见度较低（尤其是水质浑浊）的区域，即使派有经验的潜水员，也很难保证检测结果的准确性。

由于现有的桥梁水下基础检测方法本身存在缺陷，且应用这些方法时也存在诸多困难，因此可运用自动化设备的研究成果（如水下机器人）来进行桥梁水下基础检测的数据采集，并结合目前桥梁健康监测研究中较为先进的损伤识别技术对数据进行识别和综合诊断，从而建立一个完整的桥梁水下基础检测诊断与评估体系。

水下机器人是集水下高技术于一体的仪器设备（图 2.2-8），它集成了动力电源、控制、推进、导航等仪器设备，还按照不同的应用目的相应配置了不同类型的探测仪器。水下机器人是人类智能和各种感官器官在水下的延伸，可利用水下机器人进行水下检测和研究作业，完成人类肌体无法适应的各种水下环境的检测探索和研究。目前已研制的观测型水下机器人可应用于代替潜水员观察和水下设施检测等方面。因而，在桥梁水下基础的检测过程中，可考虑以遥控水下机器人为载体，在机器人上配备浅剖声呐、高频成像声呐等检测传感器，使之成为一个装备有声光电等多种先进传感器的综合体，以实现桥梁水下基础检测的数据采集。

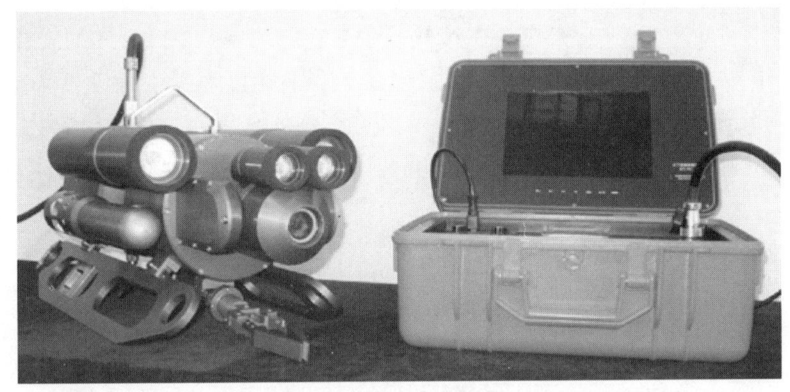

图 2.2-8　水下机器人

对水下机器人采集到的数据进行识别和综合诊断，可采用工程结构健康监测研究中提出的人工神经网络与专家系统。由于人工神经网络已成功应用了滤波、谱估计、信号检测系统、辨识模式识别等技术，因此神经网络识别法可有效避免高噪声干扰和模式损失等不利因素。由于桥梁水下基础损伤检测难以获得完备的检测数据，然而利用人工神经网络法，并结合小波分析法，可提取基础损伤特征和处理检测信号。利用有限的训练数据，神经网络法在无数学模型的情况下，可根据不完备的数据识别较好地解决非线性和不确定性引起系统的辨识问题。目前，基于误差反向传播算法的神经网络（BP）、径向基函数神经网络（RBF）、自组织神经网络（ART）等已应用于结构损伤识别。人工神经网络法的准确性与训练数据集的完整程度有很大的关系，训练数据集越完整则其准确性越高。

此外，桥梁水下基础的缺陷诊断与评估可考虑结合使用专家系统。如果仅有深厚的理论基础而没有丰富的专家经验，或仅有丰富的专家经验而没有深厚的理论基础，则诊断与评估结果往往会发生较大偏离。因为人工神经网络具备学习能力,但不具备解释能力;而专家系统是基于符号的推理系统,虽具备解释能力,但获取知识困难,因此将专家系统和人工神经网络结合起来,建立损伤智能诊断系统,可综合诊断桥梁水下基础病害。

2.3　佛开高速公路九江大桥桩基检测工程实例

桩基作为桥梁结构的主要承重构件,直接承担桥梁上部结构传递的荷载,水中桩基属于隐蔽工程,其状态直接影响到结构安全,因此对水中桩基进行状态检测十分重要。本节以佛开高速公路九江大桥桩基检测工程为实例,介绍了桥梁水下桩基检测工程的准备、方法、方案实施等要点;分析了桥梁水下结构混凝土开裂、锈蚀和钢筋外露、河床冲刷等常见的病害;介绍了对检测结果的分析评价方法及相关的维护管养建议。可为同类桥梁检测提供技术支持和经验借鉴。

2.3.1　工程概况

佛开高速公路九江大桥位于G325国道九江大桥下游50m处(图2.3-1),桥址处河宽1 470m。主桥为六孔一联(50 + 100 + 2 × 160 + 100 + 50)m预应力混凝土连续箱梁,南段边孔为50m的多孔预应力混凝土等截面连续箱梁,11孔一联(40 + 11 × 50)m,北段边孔为4孔一联(40 + 3 × 50)m的预应力混凝土等截面箱形连续刚构,两岸引桥为16m跨钢筋混凝土简支T形梁,南北岸分别为13孔和16孔。大桥全长1 819.16m。跨径组合为(16 × 16 + 40 + 4 × 50 + 100 + 2 × 160 + 100 + 11 × 50 + 40 + 13 × 16)m。

图2.3-1　佛开高速公路九江大桥外观图

该桥基础全部采用钻孔灌注桩,总共242根,其中水中桩114根。桥台为4ϕ1.5m,桥墩为4ϕ1.2m,全部位于岸上;边孔连续梁(刚构)部分,每墩为4ϕ2.5m(16 ~ 21号墩和29 ~ 37号墩)和4ϕ3.0m(25 ~ 28号墩)两种桩径,除16 ~ 18号和37号墩位于岸上外,其余均为水中桩;主墩22 ~ 24号墩每墩18ϕ(2.5 ~ 2.2)m变截面桩,全部位于深水区。

该桥处于河道中,水流较急,容易对桩基造成冲刷,桩身也有可能因早期施工缺陷而存在蜂窝,甚至空洞露筋现象;此外因水流冲刷或人为活动影响,可能出现河床高程变化,导致桩身自由长度变化。上述情况均会影响桩基础受力,对结构造成安全隐患。

2.3.2 检测范围与内容

水中桩基础易发生病害的部分往往处于上部结构受力复杂且水文情况多变的中央航道区域。为掌握水下桩基础的实际工作情况,结合工程实际资料和往期的检测成果,确定检测的范围为 20 ~ 26 号墩共计 72 根水中桩。佛开高速公路九江大桥桩位编号及其方位如图 2.3-2 所示。

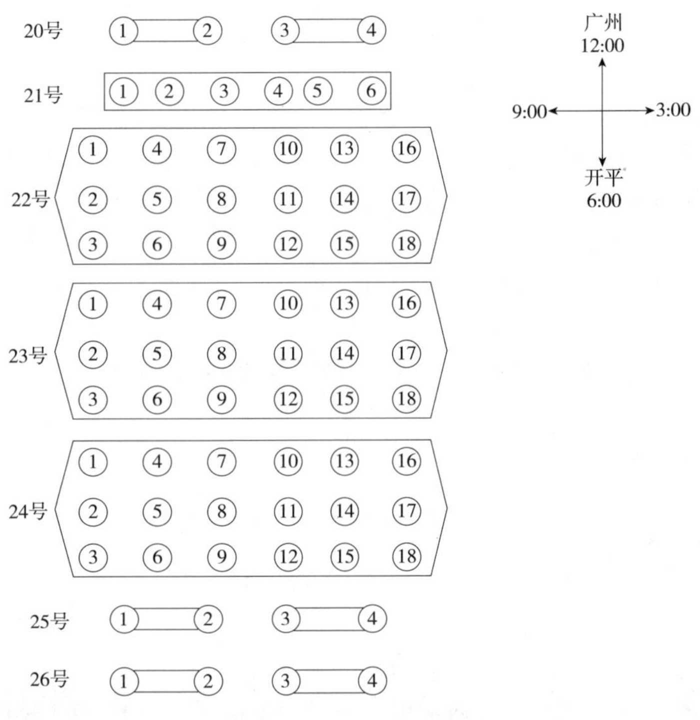

图 2.3-2 佛开高速公路九江大桥桩位编号及方位图

对桥梁桩基础的水下部分采用水下探摸、测量与水下摄影相结合的方法进行检测,重点包括以下几方面的内容:

(1)桩身是否有开裂、露筋、混凝土剥落、空洞及径缩等现象。

(2)若桩身表面包裹钢护筒,重点检测钢护筒锈蚀情况以及钢护筒截止处桩身断面是否有露筋、混凝土剥落、空洞及径缩等现象。

(3)水中承台表面是否有损伤状况,重点检测桩与承台结合部位是否存在开裂、破损、露筋等缺陷。

(4)桩基是否存在局部冲刷现象。

(5)以往病害修复状况检测。

(6)抛石回填区域水底检测和扫测。

(7)水生物检测。

(8)河底断面情况及河床调查。

2.3.3 检测准备工作

1)检测依据

检测前应详细了解桥梁设计及竣工资料,以此为基础制订检测方案;水中桩基础的检测应严格按照国家相关规范条例进行。其主要依据包括《公路桥涵养护规范》(JTG H11—2004)、《公路桥涵施工技术规范》(JTG/T F50—2011)、《水运工程测量规范》(JTS 131—2012)、《全球定位系统(GPS)测量规范》(GB/T 18314—2009)等;水下检测的部分,应遵守《水工建筑观测工作手册》、《中华人民共和国潜水条例》、《职业潜水员手册》等,确保安全。

2)检测设备

按照项目的检测内容和任务,检测工程所需的主要设备、仪器组成如下:

(1)大于10t钢质船1艘。

(2)中压空压机1台。

(3)高压空压机1台。

(4)水面照相机1台。

(5)水下摄像机1台。

(6)KMB-18型潜水装具2套(潜水头盔、供气管、潜水电话、应急气瓶)。

(7)400-0212A型潜水控制系统1套。

(8)工程交通车1辆。

(9)超声波测深仪1套。

(10)GPS系统1台(提供全球定位坐标)。

(11)导航软件1套(扫测计划线布设、行船导航)。

(12)侧扫声呐系统1套(海底扫测)。

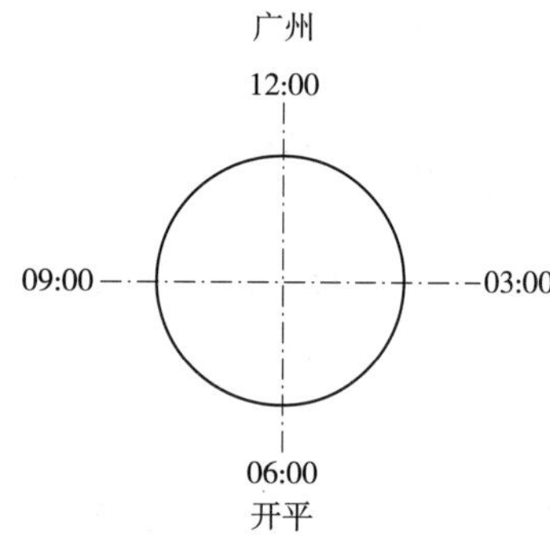

图2.3-3 桩身定位图

3)桩身定位方式

为了记录准确与方便定位,结合所检测桩基的结构特性,采用时钟位的方式进行定位描述。将广州方向设为12点,开平方向设为6点,并对桥梁水中桩进行编号,如图2.3-3所示。

4)历史检测情况

佛开高速公路九江大桥分别于2006年、2007年和2010年进行了水中桩基础检测,具体情况如下:2007年检测发现25-3号、25-5号桩存在露筋;2010年检测发现23-1~3号、23-5~12号、23-14~18号、25-3号、25-5号桩均存在不同程度的混凝土破损、露筋现象,病害范围共约为108.06m^2;22号、23号墩周围有抛石。

2.3.4 检测方法

检测时,首先进行Ⅰ类目视检测,然后对发现异常情况的部位进行详细的Ⅱ类目视检测,并进行水中录像。

1)机械性损伤、裂缝与变形检测

首先对桩潮差段、桩与承台连接处进行Ⅰ类目视检测,对发现问题处或指定重点检测处进行Ⅱ类目视检测,对Ⅱ类目视检测中发现的机械性损伤、裂缝、变形部位进行测量记录。检测中如发现局部损伤、变形、裂缝等要详细地描述清楚,必要时做相应的清理,对于损伤部位除测量损伤的形状外,还要附加构件的直线性测量,测量结果附图说明,测量完成之后要进行水中录像。测量方法:根据目视检测结果,对损伤严重的部位,使用钢板尺及卡尺进行测量,对于承受高压力以及容易损坏的位置要特别认真地检测。

2)有护筒的水中桩基检测

在对有钢制护筒的水中桩基进行检测时,除了上述的检测方式方法外,还应重点检查钢制护筒的腐蚀情况、护筒内壁到桩身之间的距离、护筒底部至河床的(或承台)距离,以及有无机械损伤和腐蚀现象等;对护筒进行腐蚀检查时应在护筒上中下3个部位(可根据水深增加测点)用钢铲和钢丝刷进行表面清理,清理面积约为300mm×300mm,然后详细观察护筒表面有无明显腐蚀现象,如锈层、蚀坑或斑点腐蚀等。对桩身下部没有护筒的水中桩进行检查时,应在护筒下部3:00、6:00、9:00、12:00 4个钟点位分别测量护筒内壁到桩身的距离,并对没有护筒的下部桩身进行详细的外观检查。

3)水生物检测

要确定水生物属硬质、软质及最大厚度、压缩厚度及覆盖率,对取样测量的区域要摄影及录像。常采用的方法是使用0.1m×0.1m的正方形框架,附在水生物的表面,然后用画针画出界线,采用铲刀将海生物全部铲入袋中。该袋用铁丝撑口,通过磁铁块将袋口带吸挂在结构物被清理表面的下方,这样就可将全部铲下的水生物装入袋内。

4)河床断面情况检测

由于竣工资料中对河床等的描述不甚准确,部分桥梁竣工资料中没有提供竣工时的河床断面情况。为此,检测过程中,对大桥、特大桥或水深条件许可情况下,以桥梁的盖梁、系梁或承台的某一面、桩顶与立柱交界面处等为基准,采用超声波测深仪测得河床面与参考基准点之间的相对高程情况,水深测量点位采样时间间距为1s,测深精度为±10cm。测量的数据与往年的测量数据进行对比,以判断河床是否存在冲刷、变迁等情况。

5)地貌检测

检测采用侧扫声呐系统对桥梁水下地貌进行测绘。侧扫声呐是一种半定量以图像形态测绘水下地貌特征的仪器,参考水声学中声波在水底不同介质中的反射、散射原理,结合该区水深、船速、水流速度等因素,采用SonarPro软件对侧扫声呐数据进行处理,显示出水下物体轮廓和河床地貌。

2.3.5　检测方案

桥梁所在水域宽阔,水情复杂,过往船舶较多,因此,在实施现场作业前,应先到相关海事管理部门申报水下作业开工审批手续,作业过程中要严格按照相关要求与批复执行。

根据现场潮汐情况,退潮时期的水流湍急,不可进行水下作业。每天的作业时间应该尽量安排在最低潮位前约1h开始准备,到涨潮后利用潮水对河水水流的顶托作用降低水流流速，根据水流情况再安排下水检查的时间。

检查前需要根据图纸或现场的情况，确定桥梁各墩、台、桩的编号及编号规则，以方便以后的其他工作。

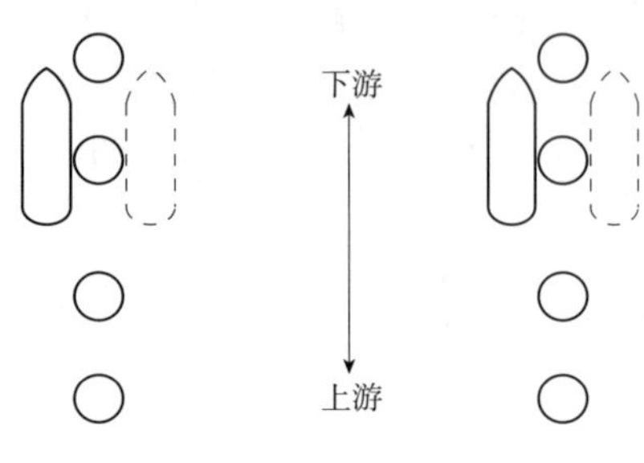

图 2.3-4　水上作业船舶停靠位置示意图

如因水质严重浑浊，使用水下录像的方法不能够取得满意的水下图像时，则应采取水下探摸的方式进行检查，但在进行水下探摸前必须取得工程主管部门的同意方可进行。

现场检查程序按以下方案进行：

(1)必须租用持有齐全适航证照的船舶配合作业，船舶长度在 20～30m，宽度在 5～8m 之间即可。人员、设备装船后驶近桥墩，靠拢桥墩系泊。船舶停靠位置示意图如图 2.3-4 所示。

(2)根据设计图纸或要求，对桥墩和承台确定有规律的编号，用红油漆做明显标识。

(3)在进行水下检测时，必须安排具有合格水下检测资质的潜水员进行作业，作业前再次明确各岗位负责人员及职责。潜水员下水前必须进行下水前的安全检查和记录，确保人员和作业现场环境能充分满足作业需要，确保通信和供氧正常，待现场负责人同意后才能下水。

(4)第一次下水后，首先利用铲刀等工具将水下部位墩柱所有表面上的杂物(包括水生附着物和混凝土表面的松散部位等)全部清理干净，完全露出结构本体。

(5)墩柱表面清理干净，等待一段时间，待清理结构表面过程中造成的水质浑浊现象消失后，第二次下水进行结构检查工作。

(6)使用专业的水下照相机或水下电视录像。

(7)检查时潜水员先寻找并确定需要检查的桩柱，下潜到河床底部，采用从左至右，从下至上以“之”字形走向检查法对水下部位进行检查。

(8)发现病害部位，要按照相关规范和操作规程的要求做好测量记录并及时通知工程管理部门。

(9)每天及时整理水下摄影记录资料和水面记录资料，及时向工程管理部门汇报和核对相关数据。

(10)作业完毕，清理现场，人员、设备退场。

开始下水检查前，要设置入水绳和行动绳，把需要检查的区域划分为多个较小的区域，确定检查的顺序并分区检查，以保证不会漏查。潜水员下水开始检查后，要随时报告其当时的方位，潜水员所在的水深则可以通过摄像机镜头自带的水深数据显示实时反映出来。潜水员或水面检测技术员在发现水下结构物的各种病害之后要及时对病害所在位置进行确定，及时用钢板尺对病害部位的长、宽、进深等数据进行测量并报告水面记录员。水面检测人员要特别重视现场记录的工作，记录员在潜水员上水后要及时与其核对检查的结果和相关的数据。对比较典型的病害部位，不但要用专业水下摄像设备把病害的局部状况拍摄出清晰的图像，还要在检查报告中用绘制展开图等方法直观地反映桥梁结构物的病害情况，以利管理部门及设计单位对桥梁病害进行详细的分析研究(图 2.3-5)。

检测作业流程如图 2.3-6 所示。

a)　b)　c)　d)

图 2.3-5　检测现场

2.3.6　检测成果

佛开高速公路九江大桥 20～26 号墩共计 72 根水中桩基的检测结果显示，桩身部分主要病害为桩身下部无护筒包裹区域混凝土剥落、露筋，22 号、23 号、24 号承台侧面存在不同程度的混凝土剥落、露筋现象，个别立柱、系梁表面存在露筋现象。部分钢护筒包裹区域存在钢护筒锈蚀的情况。

河床在 22 号、23 号墩周围有抛石。21 号墩周围河床与 2010 年检测结果相比平均抬升约 1.5m，23-9 号、23-12 号、23-15 号桩周围河床与 2010 年检测结果相比平均下切约 2.0m，24 号墩开平侧周围河床与 2010 年检测结果相比平均下切约 1.3m，其余桩基周围河床与 2006、2007 年和 2010 年检测结果相比略有下切或变化不大。水生物调查表明该桥水中桩表面有硬质水生物覆盖。

1）桩基检测结果

检测结果显示，桩基与上部的对应的墩柱承台系梁等的连接无异常；桩身部分主要病害为桩身下部无护筒包裹区域混凝土剥落、露筋，下部无钢护筒区域有麻面或混凝土剥落、露筋现象；对于墩柱承台等水中结构，22 号、23 号、24 号承台侧面存在不同程度的混凝土剥落、露筋现象，个别立柱、系梁表面存在露筋现象，其他桩基未发现明显病害。

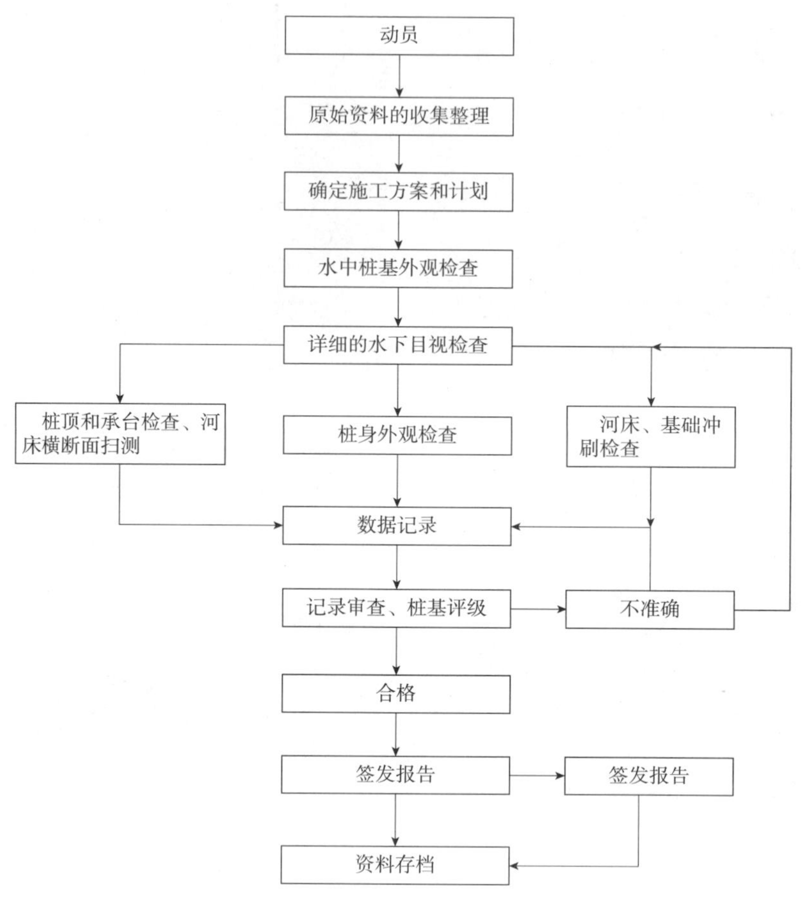

图 2.3-6　水中桩基检测的作业流程图

(1)20 号墩部分系梁上部出现混凝土剥落、露筋,20-1 号柱 6:00 位、系梁上方发现 1 条横筋外露,$L=0.45$m(图 2.3-7)。

a)

b)

图　2.3-7

c)

d)

图 2.3-7　20 号墩检测成果照片

a)20-1 号柱露筋 1；b) 20-1 号柱露筋 2；c)20-1 ~2 号系梁混凝土剥落、露筋；d)20-3 ~4 号系梁顶混凝土剥落

(2)23 号墩桩身部分共有 14 根柱存在不同程度的混凝土剥落、露筋现象，以 23-1 号和 23-2 号为例，桩身的病害展开示意图以及病害照片如图 2.3-8、图 2.3-9 所示。

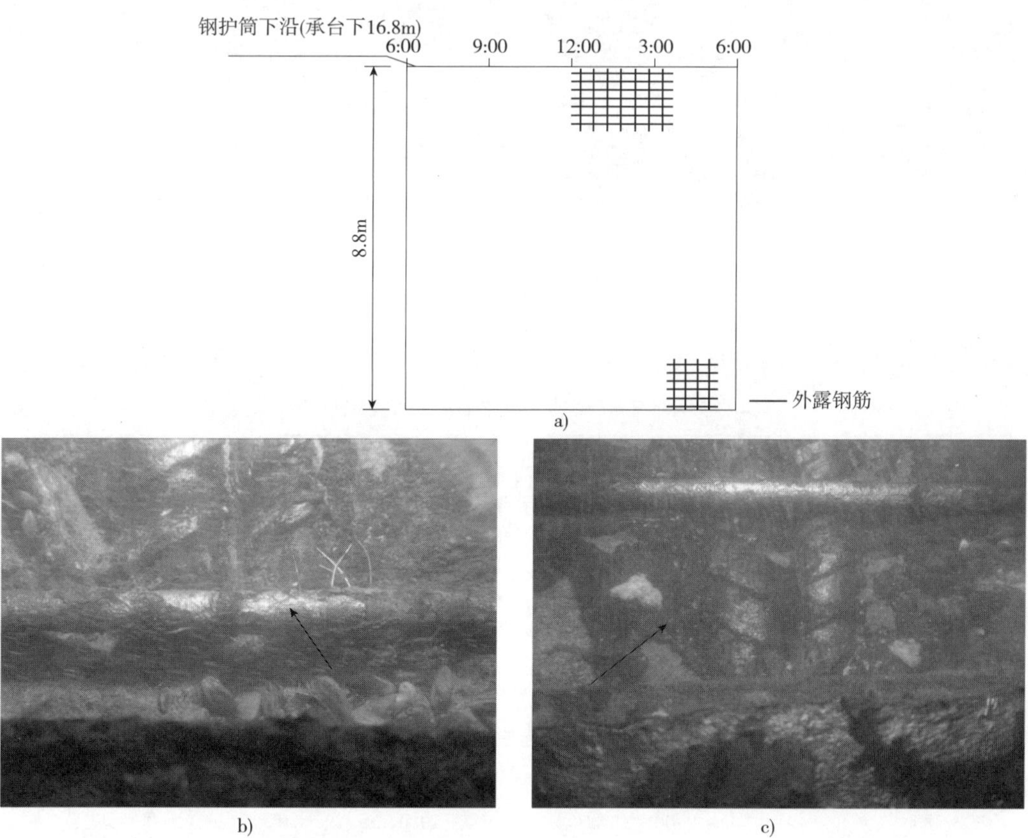

图 2.3-8　23-1 号桩身检测成果

a)23-1 号桩身病害展开示意图；b)23-1 号桩身箍筋外露；c)23-1 号桩身主筋外露

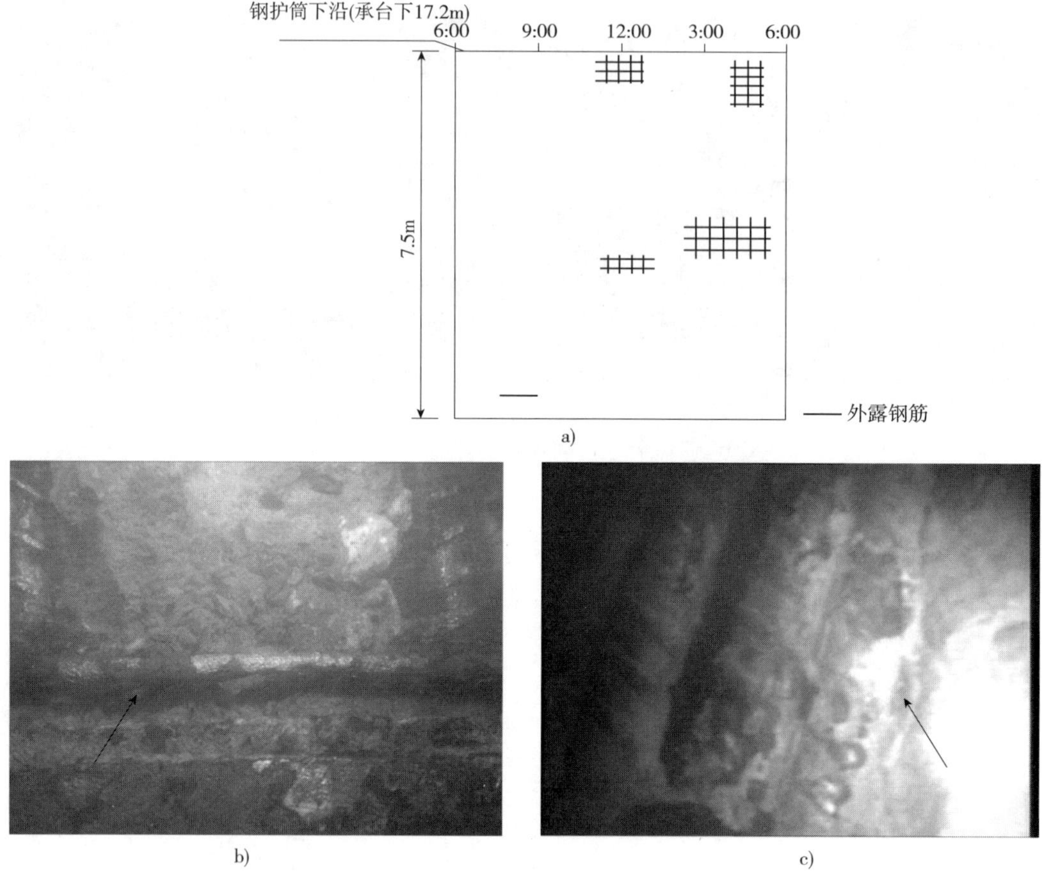

图 2. 3-9　23-2 号桩身检测成果

a)23-2 号桩身病害展开示意图;b)23-2 号桩身箍筋外露;c)23-2 号桩身主筋外露

23 号墩的详细检测结果见表 2. 3-1。

23 号墩水中桩混凝土剥落、露筋病害统计表　　表 2. 3-1

桩　　号	病 害 位 置	病 害 范 围
23-1 号	3:00 ~ 6:00 区间承台以下 16. 8m	$(1.2 \times 1.2)m^2$
	12:00 ~ 4:00 区间承台以下 24. 4m	$(2.4 \times 1.5)m^2$
23-2 号	12:00 位承台以下 17. 2m	$(1.0 \times 0.6)m^2$
	4:00 位承台以下 17. 2m	$(0.7 \times 1.0)m^2$
	9:00 ~ 11:00 区间承台以下 17. 2m	$(0.6 \times 0.1)m^2$
	3:00 ~ 5:00 区间、距河床 4. 0m	$(1.8 \times 0.9)m^2$
	11:00 ~ 1:00 区间 21. 5m	$(1.1 \times 0.4)m^2$
23-3 号	9:00 ~ 11:00 区间承台以下 20. 0m	$(1.7 \times 1.8)m^2$
23-5 号	承台以下 16. 8m、整圈	$(7.8 \times 2.5)m^2$
23-6 号	承台以下 18. 5m、整圈	$(7.8 \times 3.5)m^2$

续上表

桩 号	病害位置	病害范围
23-8 号	6:00~2:00 区间承台以下 21.3m	$(4.7\times3.1)m^2$
23-9 号	承台以下 18.4m、整圈	$(7.8\times2.4)m^2$
23-11 号	7:00~6:00 区间承台以下 20.7m	$(6.9\times1.8)m^2$
23-12 号	承台以下 18.0m、整圈	$(7.8\times3.8)m^2$
23-14 号	承台以下 16.9m、整圈	$(7.8\times4.1)m^2$
23-15 号	9:00~4:00 区间承台以下 20.7m	$(4.4\times1.8)m^2$
23-16 号	承台以下 18.5m、整圈	$(7.8\times2.1)m^2$
23-17 号	7:00~2:00 区间承台以下 16.2m	$(4.5\times2.8)m^2$
23-18 号	承台以下 18.0m、整圈	$(7.8\times4.2)m^2$

(3)对比以往的检测结果,20-1 号柱、20-1~2 号系梁、20-3~4 号系梁、22 号承台、23 号承台、24 号承台、25-1 号桩、26-2 号桩、26-4 号桩新增了不同程度的混凝土剥落、露筋病害;水中桩基除 23-7 号、23-10 号桩外,原有病害面积均有所扩展;23-7 号、23-10 号桩原有病害已维修,效果良好。

检测结果对比见表 2.3-2。

检测结果对比表 表 2.3-2

序号	桩 号	2006~2007 年	2011 年	2013 年	备注
1	20-1 号柱	良好	良好	1 段露筋,$L=0.43m$	新增病害
2	20-1~2 号系梁	良好	良好	1 处混凝土剥落、露筋,$A=2.1m^2$	新增病害
3	20-3~4 号系梁	良好	良好	1 处混凝土剥落,$A=0.16m^2$	新增病害
4	22 号承台	良好	良好	99 根钢筋外露	新增病害
5	23-1 号桩	良好	露筋,$\sum A=1.72\ m^2$	露筋,$\sum A=5.04\ m^2$	病害扩展
6	23-2 号桩	良好	露筋,$\sum A=1.37\ m^2$	露筋,$\sum A=3.42\ m^2$	病害扩展
7	23-3 号桩	良好	露筋,$\sum A=1.9\ m^2$	露筋,$\sum A=3.06\ m^2$	病害扩展
8	23-4 号桩	良好	良好	良好	—
9	23-5 号桩	良好	露筋,$\sum A=1.0\ m^2$	露筋,$\sum A=19.5\ m^2$	病害扩展
10	23-6 号桩	良好	露筋,$\sum A=1.94\ m^2$	露筋,$\sum A=27.3\ m^2$	病害扩展
11	23-7 号桩	良好	露筋,$\sum A=53.04\ m^2$	良好	已维修
12	23-8 号桩	良好	露筋,$\sum A=0.36\ m^2$	露筋,$\sum A=14.57\ m^2$	病害扩展
13	23-9 号桩	良好	露筋,$\sum A=2.52\ m^2$	露筋,$\sum A=18.72\ m^2$	病害扩展
14	23-10 号桩	良好	露筋,$\sum A=30.42\ m^2$	良好	已维修

续上表

序号	桩 号	2006～2007 年	2011 年	2013 年	备注
15	23-11 号桩	良好	露筋，$\sum A=0.92\ m^2$	露筋，$\sum A=12.42\ m^2$	病害扩展
16	23-12 号桩	良好	露筋，$\sum A=2.16\ m^2$	露筋，$\sum A=29.64\ m^2$	病害扩展
17	23-14 号桩	良好	露筋，$\sum A=3.63\ m^2$	露筋，$\sum A=31.98\ m^2$	病害扩展
18	23-15 号桩	良好	露筋，$\sum A=0.66\ m^2$	露筋，$\sum A=7.92\ m^2$	病害扩展
19	23-16 号桩	良好	露筋，$\sum A=1.19\ m^2$	露筋，$\sum A=16.38\ m^2$	病害扩展
20	23-17 号桩	良好	露筋，$\sum A=1.19\ m^2$	露筋，$\sum A=12.60\ m^2$	病害扩展
21	23-18 号桩	良好	露筋，$\sum A=1.04\ m^2$	露筋，$\sum A=32.76\ m^2$	病害扩展
22	23 号承台	良好	良好	露筋，$\sum A=13.79\ m^2$	新增病害
23	24 号承台	良好	良好	露筋，$\sum A=11.50\ m^2$	新增病害
24	25-1 号桩	良好	良好	露筋，$\sum A=0.85\ m^2$	新增病害
25	25-3 号桩	露筋，$\sum A=1.2\ m^2$	露筋，$\sum A=1.76\ m^2$	露筋，$\sum A=7.85\ m^2$	病害扩展
26	25-4 号桩	露筋，$\sum A=1.02\ m^2$	露筋，$\sum A=1.25\ m^2$	露筋，$\sum A=2.20\ m^2$	病害扩展
27	26-2 号桩	良好	良好	1 段露筋，$L=0.5m$	新增病害
28	26-4 号桩	良好	良好	2 段露筋，$\sum L=1.03m$	新增病害

2）钢护筒检测结果

佛开高速公路九江大桥 20～26 号墩水中桩基的钢护筒检测结果显示，部分桩身下部无护筒包裹，下部无钢护筒区域有麻面或混凝土剥落、露筋现象；部分桩基的护筒有严重的锈蚀现象。

25 号墩桩身有钢护筒，表面存在不同程度锈蚀；25-1～4 号桩距河床 0.6～1.9m 范围无钢护筒包裹，下部无钢护筒区域有麻面现象；26 号墩桩身均有钢护筒，表面存在不同程度锈蚀，如图 2.3-10、图 2.3-11 所示。

a)

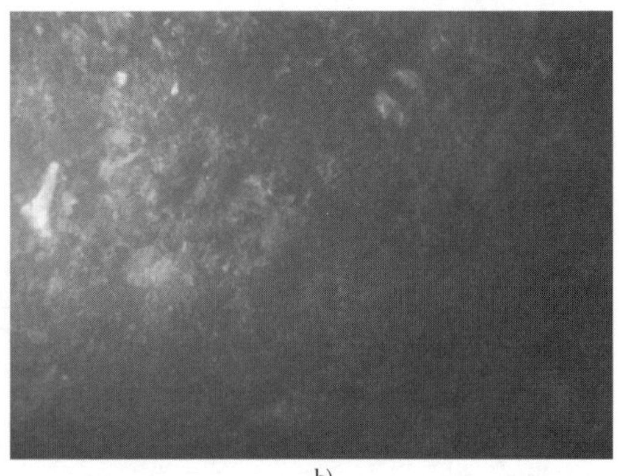

b)

图 2.3-10　25 号墩桩身检测成果

a）25-2 号桩护筒锈蚀；b）25-3 号桩无护筒外观

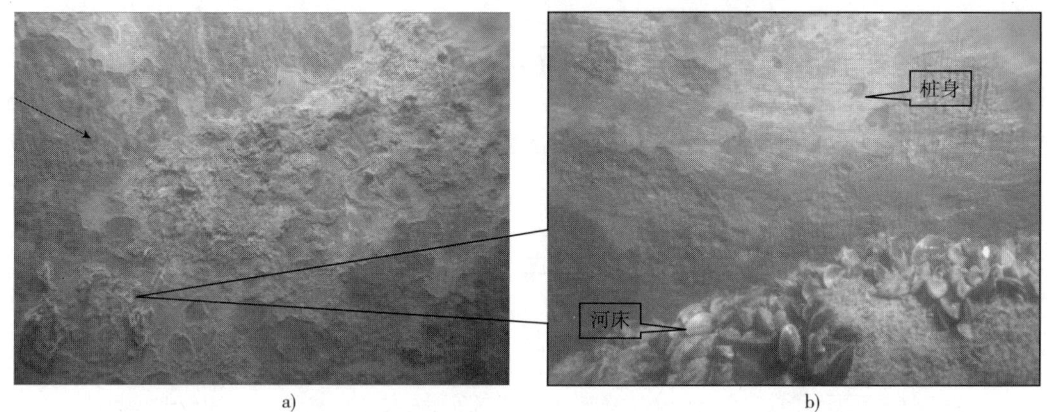

a)　　b)

图 2.3-11　26 号墩桩身检测成果照片

a)26-4 号桩护筒锈蚀;b)26-4 号桩水下外观

同时,检测过程中针对钢护筒锈蚀程度,也分别对各桩基钢护筒厚度进行了测量,具体测量数据见表 2.3-3 及表 2.3-4。

钢护筒厚度(单位:mm)　　表 2.3-3

桥墩	桩号	1m			8 ~ 12m			18 ~ 22m			28 ~ 32m		
		1	2	3	1	2	3	1	2	3	1	2	3
20 号	20-1	9.3	9.2	9.3	8.8	8.9	8.6						
	20-2	9.4	9.2	9.3	8.9	8.7	8.6						
	20-3	9.3	9.4	9.2	8.9	8.7	8.8						
	20-4	9.5	9.6	9.5	8.8	8.9	8.6						
21 号	21-1	9.4	9.5	9.4	8.9	8.7	8.6						
	21-2	9.3	9.5	9.5	8.9	8.7	8.8						
	21-3	9.6	9.5	9.5	8.5	8.8	8.8						
	21-4	9.4	9.4	9.6	8.9	8.7	8.6						
	21-5	9.3	9.2	9.3	8.9	8.7	8.8						
	21-6	9.4	9.5	9.2	8.8	8.9	8.6						
22 号	22-1	9.4	9.4	9.1	8.9	8.7	8.8						
	22-2	9.5	9.6	9.5	8.8	8.9	8.7						
	22-3	9.4	9.5	9.4	8.3	8.7	8.7						
	22-4	9.3	9.5	9.5	8.9	8.7	8.8						
	22-5	9.6	9.5	9.5	8.5	8.7	8.8						
	22-6	9.4	9.5	9.6	8.5	8.7	8.4						
	22-7	9.3	9.4	9.3	8.9	8.7	8.6						
	22-8	9.6	9.2	9.2	8.9	8.7	8.8						
	22-9	9.4	9.4	9.1	8.8	8.6	8.6						
	22-10	9.5	9.6	9.5	8.9	8.7	8.8						
	22-11	9.4	9.5	9.5	8.9	8.7	8.8						
	22-12	9.3	9.5	9.5	8.8	8.5	8.5						

续上表

桥墩	桩号	1m			8～12m			18～22m			28～32m		
		1	2	3	1	2	3	1	2	3	1	2	3
22号	22-13	9.6	9.5	9.5	8.9	8.7	8.6						
	22-14	9.4	9.5	9.6	8.6	8.8	8.9						
	22-15	9.5	9.5	9.2	8.8	8.4	8.6						
	22-16	9.5	9.5	9.2	8.6	8.9	8.7						
	22-17	9.6	9.5	9.4	8.8	8.9	9.1						
	22-18	9.3	9.4	9.6	8.6	8.6	8.5						
23号	23-1	9.2	9.2	9.5	8.8	8.7	8.6						
	23-2	9.1	9.5	9.5	8.9	8.7	8.6						
	23-3	9.5	9.4	9.5	8.9	8.6	8.8						
	23-4	9.5	9.6	9.4	8.8	8.9	8.6						
	23-5	9.5	9.5	9.2	8.9	8.7	8.6						
	23-6	9.5	9.5	9.5	8.9	8.6	8.8						
	23-7	9.4	9.5	9.4	8.5	8.7	8.9						
	23-8	9.2	9.3	9.6	8.9	8.5	8.6						
	23-9	9.5	9.2	9.5	8.9	8.7	8.8						
	23-10	9.4	9.1	9.5	8.8	8.9	8.6						
	23-11	9.6	9.5	9.5	8.9	8.7	8.8						
	23-12	9.5	9.4	9.5	8.8	8.9	8.6						
	23-13	9.5	9.5	9.4	8.3	8.7	8.6						
	23-14	9.5	9.5	9.5	8.9	8.7	8.8						
	23-15	9.5	9.6	9.5	8.5	8.7	8.8						
	23-16	9.4	9.3	9.3	8.5	8.7	8.4						
	23-17	9.2	9.2	9.2	8.9	8.7	8.6						
	23-18	9.4	9.1	9.1	8.9	8.7	8.8						
24号	24-1	9.5	9.5	9.5	9.3	9.3	9.2	9.0	9.0	9.1	7.9	8.0	8.0
	24-2	9.5	9.4	9.4	9.3	9.4	9.5	9.0	9.0	9.1	7.7	7.6	7.6
	24-3	9.5	9.5	9.5	9.3	9.3	9.4	9.0	9.0	9.1	7.8	7.6	7.5
	24-4	9.4	9.5	9.5	9.4	9.3	9.3	9.3	9.2	9.2	8.1	7.9	7.9
	24-5	9.2	9.6	9.6	9.3	9.3	9.2	9.1	9.1	9.2	7.7	7.8	7.7
	24-6	9.5	9.3	9.3	9.3	9.4	9.5	9.2	9.2	9.1	7.8	7.8	7.8
	24-7	9.4	9.2	9.2	9.3	9.3	9.4	9.0	9.0	9.1	7.9	7.9	8.0
	24-8	9.6	9.1	9.5	9.2	9.2	9.1	9.0	9.0	9.1	7.7	7.8	7.8
	24-9	9.5	9.5	9.6	9.4	9.3	9.3	9.3	9.2	9.2	7.7	7.6	7.6
	24-10	9.5	9.5	9.3	8.9	9.1	9.2	9.1	9.1	9.2	7.8	8.0	7.9
	24-11	9.6	9.6	9.2	9.1	9.3	9.3	9.0	9.0	9.1	7.7	7.7	7.8
	24-12	9.5	9.3	9.1	9.4	9.3	9.3	9.3	9.2	9.2	7.7	7.8	7.7
	24-13	9.5	9.2	9.5	9.4	9.5	9.1	9.1	9.1	9.2	7.8	7.9	7.8
	24-14	9.5	9.1	9.5	9.3	9.4	9.3	9.2	9.2	9.1	7.7	7.9	7.6

续上表

桥墩	桩号	1m			8 ~ 12m			18 ~ 22m			28 ~ 32m		
		1	2	3	1	2	3	1	2	3	1	2	3
24 号	24-15	9.3	9.5	9.6	9.2	9.1	9.2	9.0	9.0	9.1	7.8	7.8	7.8
	24-16	9.2	9.5	9.3	9.3	9.3	9.3	9.3	9.2	9.2	7.9	7.9	7.8
	24-17	9.1	9.5	9.5	9.1	9.2	9.2	9.1	9.1	9.2	7.7	7.8	7.8
	24-18	9.5	9.6	9.4	9.2	9.3	9.1	8.9	8.8	9.1	7.7	7.6	7.6
25 号	25-1	9.3	9.2	9.3	9.3	9.4	9.2	9.0	9.0	9.2	7.9	7.8	7.8
	25-2	9.4	9.2	9.2	8.9	9.1	9.2	8.9	9.1	9.3	7.7	7.6	7.6
	25-3	9.4	9.4	9.1	9.1	9.3	9.3	9.0	9.0	9.1	7.8	7.6	7.5
	25-4	9.5	9.6	9.5	9.2	9.2	9.1	9.0	9.0	9.1	7.7	7.7	7.8
26 号	26-1	9.4	9.5	9.4	9.4	9.3	9.3	9.0	9.0	9.1	7.7	7.8	7.7
	26-2	9.3	9.5	9.5	9.3	9.3	9.2	9.3	9.2	9.2	7.8	7.8	7.8
	26-3	9.6	9.5	9.5	9.3	9.4	9.5	9.1	9.1	9.2	7.7	7.9	7.6
	26-4	9.4	9.5	9.6	9.3	9.3	9.4	9.2	9.2	9.1	7.7	7.8	7.8

注:测量时以系梁/承台底约1m、10m、20m、30m为测量范围,每个测区取3个测点。

钢护筒高度统计表　　表2.3-4

序号	桩号	钢护筒高度(m)	钢护筒距河床高度(m)	备　注
1	20-1	8.1	—	埋入河床
2	20-2	8.1	—	埋入河床
3	20-3	8.4	—	埋入河床
4	20-4	8.2	—	埋入河床
5	21-1	11.6	—	埋入河床
6	21-2	11.1	—	埋入河床
7	21-3	11.4	—	埋入河床
8	21-4	10.9	—	埋入河床
9	21-5	10.4	—	埋入河床
10	21-6	10	—	埋入河床
11	22-1	10.1	—	埋入河床
12	22-2	11	—	埋入河床
13	22-3	11.8	—	埋入河床
14	22-4	9.2	—	埋入河床
15	22-5	10.7	—	埋入河床
16	22-6	12.1	—	埋入河床
17	22-7	8.2	—	埋入河床
18	22-8	10.3	—	埋入河床
19	22-9	12.4	—	埋入河床
20	22-10	8	—	埋入河床
21	22-11	10.4	—	埋入河床
22	22-12	12.8	—	埋入河床
23	22-13	7.6	—	埋入河床

续上表

序号	桩号	钢护筒高度(m)	钢护筒距河床高度(m)	备　注
24	22-14	10. 1	—	埋入河床
25	22-15	12. 6	—	埋入河床
26	22-16	6. 8	—	埋入河床
27	22-17	9. 8	—	埋入河床
28	22-18	12. 7	—	埋入河床
29	23-1	16. 8	8. 8	
30	23-2	17. 2	7. 5	
31	23-3	18. 2	9. 2	
32	23-4	17. 1	7. 9	
33	23-5	16. 6	7. 1	
34	23-6	18. 5	7. 5	
35	23-7	23. 3	—	埋入河床
36	23-8	17. 8	6. 7	
37	23-9	18. 2	8. 6	
38	23-10	23. 2	—	埋入河床
39	23-11	17. 5	6. 8	
40	23-12	18	8. 7	
41	23-13	17	7. 8	
42	23-14	16. 7	8. 5	
43	23-15	19. 1	7. 9	
44	23-16	18. 3	7. 2	
45	23-17	16	8. 3	
46	23-18	18	9	
47	24-1	26. 7	—	埋入河床
48	24-2	28. 8	—	埋入河床
49	24-3	30. 5	0. 4	
50	24-4	28. 3	—	埋入河床
51	24-5	29. 7	—	埋入河床
52	24-6	30. 4	0. 7	
53	24-7	27. 3	—	埋入河床
54	24-8	29. 3	—	埋入河床
55	24-9	30. 3	1	
56	24-10	27. 2	—	埋入河床
57	24-11	29. 3	—	埋入河床
58	24-12	30. 8	0. 6	
59	24-13	27. 8	—	埋入河床
60	24-14	28. 6	1. 6	
61	24-15	30. 2	2. 4	
62	24-16	28	—	埋入河床
63	25-1	30. 9	0. 6	

续上表

序号	桩号	钢护筒高度(m)	钢护筒距河床高度(m)	备　注
64	25-2	31	1.9	
65	25-3	32	0.8	
66	25-4	32.7	1.4	
67	26-1	29.4	—	埋入河床
68	26-2	29.1	—	埋入河床
69	26-3	28.4	—	埋入河床
70	26-4	28.7	—	埋入河床

3)桩基表面清理检测情况

检测结果显示,20～26号墩水中桩基表面均被硬质水生物覆盖,为查清桩身病害位置及范围,分别对水中桩基钢护筒及钢护筒未保护区域进行了彻底清理,对病害位置进行了详细的检查和测量。

桩基表面经彻底清理后,检查发现桩身钢护筒表面存在不同程度锈蚀,钢护筒未保护区域表面有麻面或混凝土剥落、露筋等现象。

桩基表面硬质水生物覆盖情况如图2.3-12所示。

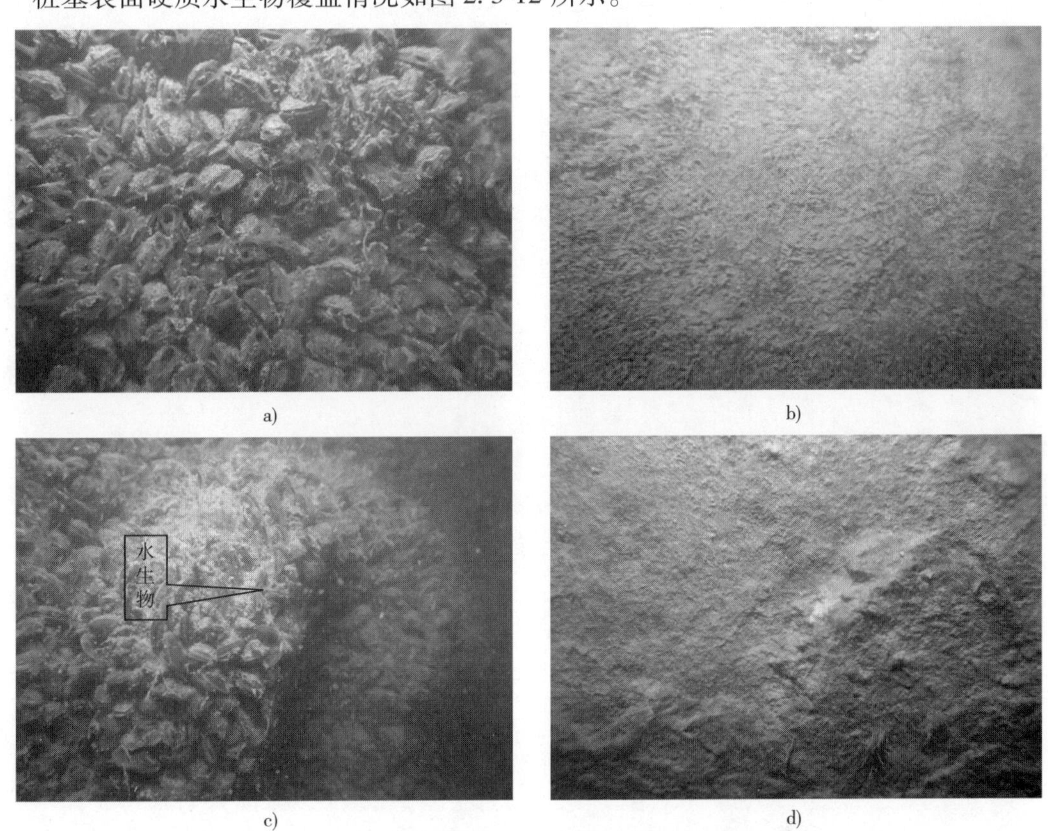

图2.3-12　26号墩桩身检测成果照片

a)21-4号桩身水生物清理前;b)21-4号桩身水生物清理后;c)24-17号桩身水生物清理前;d)24-17号桩身水生物清理后

4）河床断面检测结果

21 号墩周围河床与 2010 年检测结果相比平均抬升约 1.5m，23-9 号、23-12 号、23-15 号桩周围河床与 2010 年检测结果相比平均下切约 2.0m，24 号墩开平侧周围河床与 2010 年检测结果相比平均下切约 1.3m，其余桩基周围河床与 2006、2007 年和 2010 年检测结果相比略有下切或变化不大。具体情况可见河床断面图（图 2.3-13 和图 2.3-14），测量时以系梁顶为参照面，图中 2009 年的河床线高程是根据抛石设计图纸中提供的河床高程换算而来。

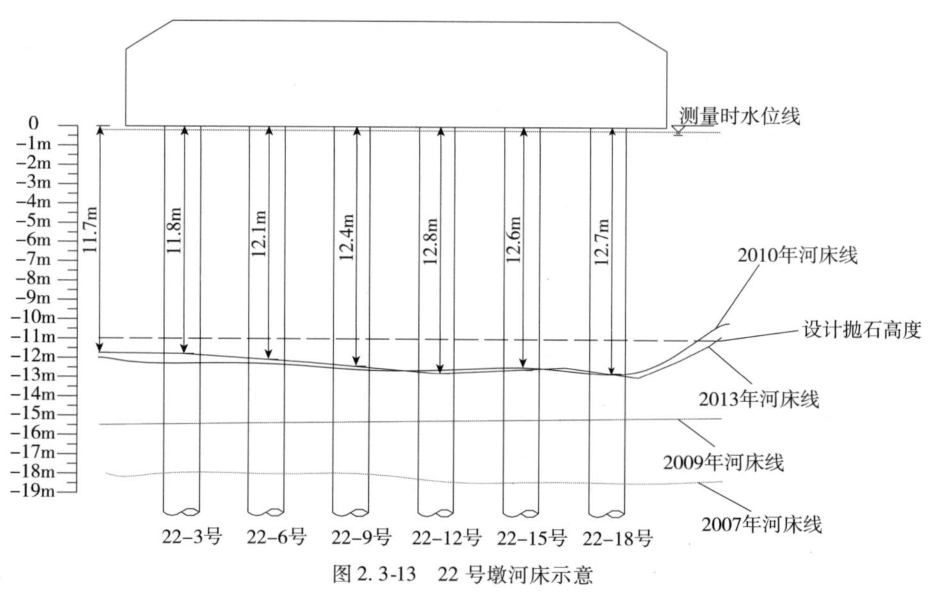

图 2.3-13　22 号墩河床示意

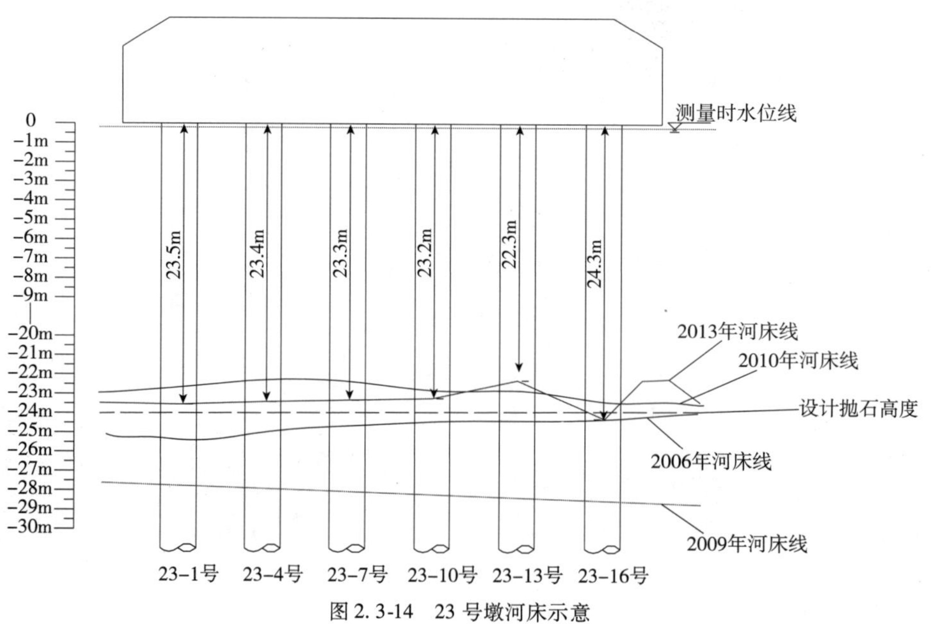

图 2.3-14　23 号墩河床示意

桥梁下游侧河床横断面扫测图如图 2.3-15 所示（扫测参照面：珠江高程）。

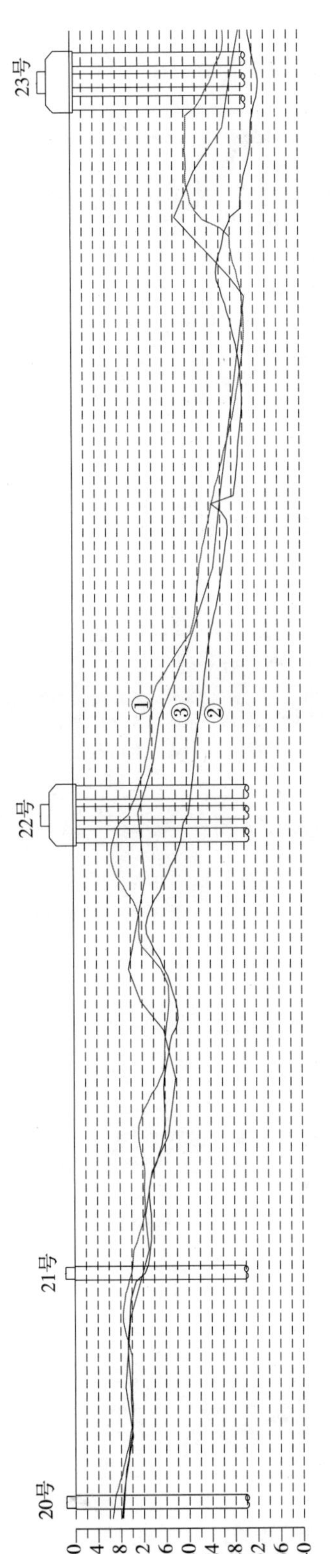

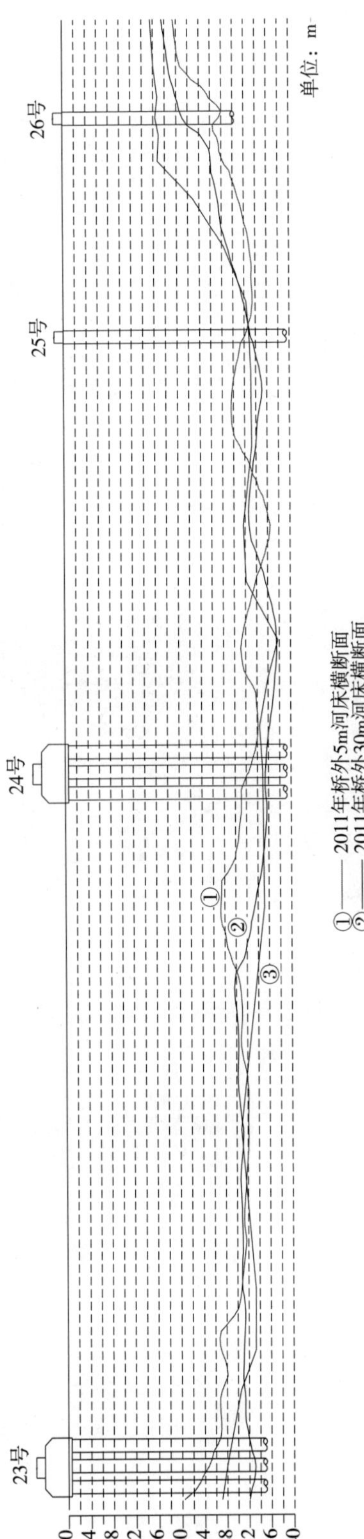

图2.3-15　20～26号墩河床横断面示意

5)河底地貌检测结果

桥梁河床桩基的侧扫声呐图如图 2.3-16～图 2.3-18 所示。

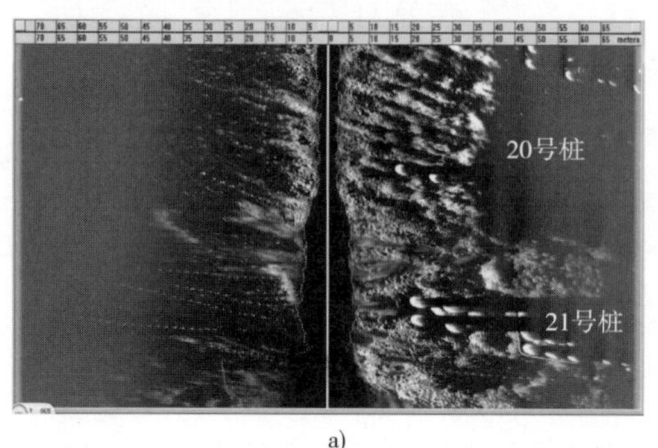

a)

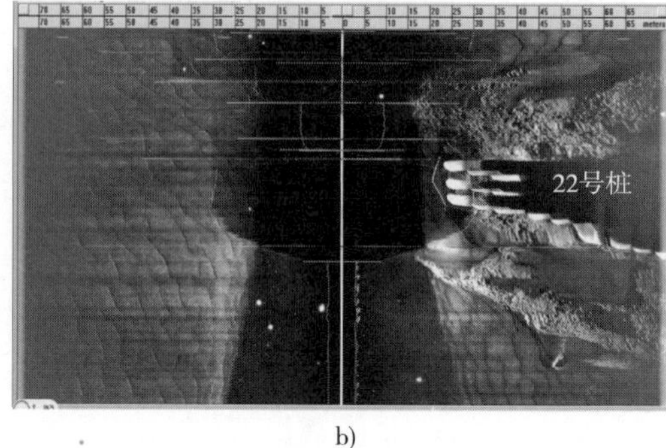

b)

图 2.3-16　20～22 号桩侧扫声呐图

(1)通过侧扫声呐图像可知:20 号、21 号墩河床四周表面不平整;22 号墩河床四周表面较不平整。

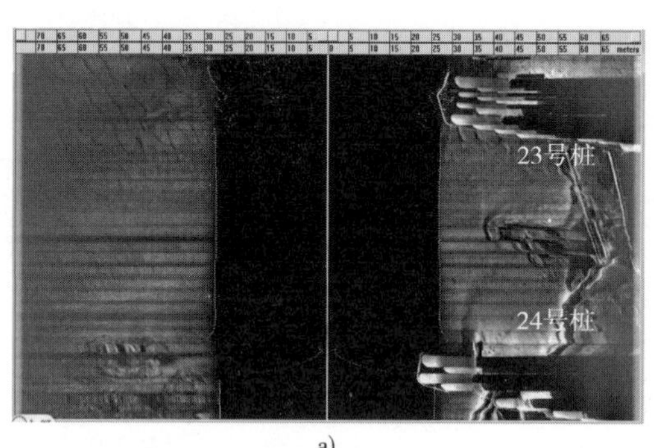

a)

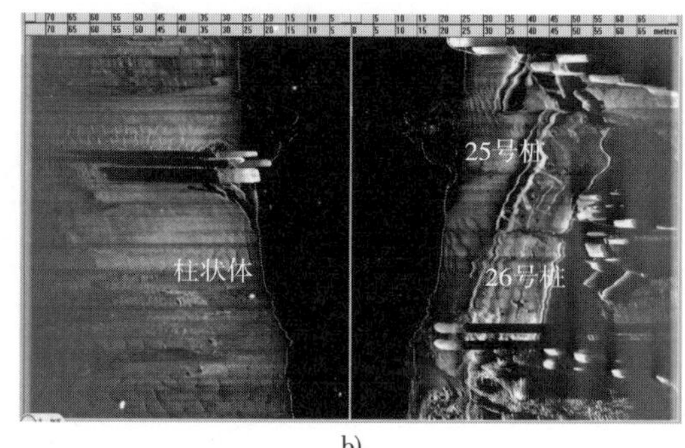

b)

图 2.3-17　23～26 号桩侧扫声呐图

(2)通过侧扫声呐图像可知:23 号墩河床四周表面较平整;24 号墩河床四周表面不平整,且 24 号、25 号墩中间存在一整体人工构造物,同时上游存在部分柱状体。

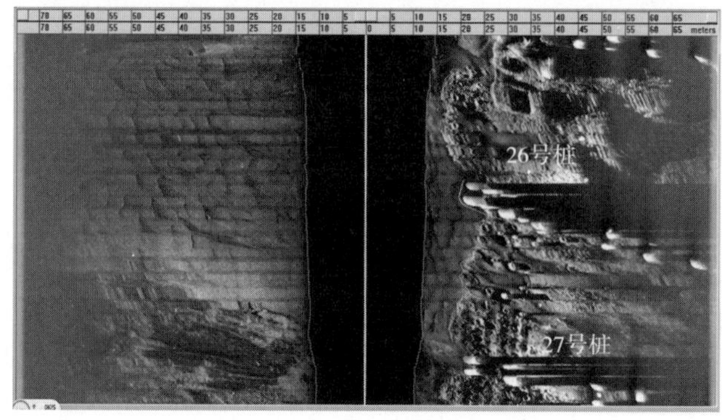

图 2.3-18　26/27 号桩侧扫声呐图

(3)通过侧扫声呐图像可知:26 号墩河床四周表面不平整;26 号、27 号墩间存在部分小型柱状体。

2.3.7　评价及养护建议

佛开高速公路九江大桥水中基础检测结果显示:23 号、25 号墩共 17 根水中桩基存在不同程度的混凝土剥落、露筋,22 号、23 号、24 号承台侧面存在不同程度的混凝土剥落、露筋现象,个别立柱、系梁表面存在露筋现象,水中桩基普遍存在混凝土剥落、露筋现象。

河床 22 号、23 号墩有抛石,21 号墩周围河床与 2010 年检测结果相比平均抬升约 1.5m,23-9 号、23-12 号、23-15 号桩周围河床与 2010 年检测结果相比平均下切约 2.0m,24 号墩开平侧周围河床与 2010 年检测结果相比平均下切约 1.3m,其余桩基周围河床与 2006、2007 年和 2010 年检测结果相比略有下切或变化不大。

根据检测的具体结果,可以有针对性地提出如下建议:

(1)对 20-1 号柱及 20 号墩系梁发现露筋处采用环氧砂浆进行修补。

(2)对 22 号、23 号、24 号墩承台侧面混凝土剥落、露筋处采用局部安装模板、环氧砂浆进行修补。

(3)对 23 号、25 号墩共 17 根露筋面积较大的桩基,建议进行加固处理。

(4)对 26 号墩 2 根发现露筋的立柱采用环氧砂浆进行修补。

(5)对 23 号、24 号墩开平侧以及 25 号墩河床冲刷较严重的桩基及时进行回填处理,而对于河床冲刷程度较轻的桩基加强河床监测,如河床冲刷持续发展迅速,则应采取相应的措施进行处理。

(6)鉴于检测的桥墩大部分存在河床冲刷现象,建议增加对引桥的河床扫测及坚持每年对桥梁水中桩基进行河床扫测,以便能及时掌握桥梁冲刷的整体情况。

(7)定期对桥梁水中桩进行检测,以便及时发现隐蔽缺陷并加以维修,确保桥梁的安全运营。

第3章　桥梁水下桩基础加固技术

3.1　常见加固技术

桥梁水下结构主要指桥墩、桩基础等水下结构，其使用条件和使用环境较之水上结构更为恶劣，荷载与环境的双重作用使得桥梁水下结构更容易腐蚀老化，产生各类损伤缺陷，其承载力和耐久性降低，严重危及行车安全和桥梁的寿命。桥梁水下结构加固的目的就是提高桩基承载力，减少桩基下沉。为此，传统加固方法基本上都需要进行弃水、防水处理；近几年来也逐渐研究发展了很多新型的水下结构加固技术。

3.1.1　加固原则

(1)桥梁水下结构的加固设计应遵循现行《公路桥梁加固设计规范》(JTG/T J22—2008)的基本原则进行：

①加固设计应依据原桥梁竣工图和设计图及检测评估报告进行，并经现场确认。

②加固设计计算应考虑结构病害影响、材料劣化、新旧材料的结合性能及材性差异。材料、几何等参数的取值，应采用桥梁现状的检测结果。

③加固设计应进行各施工阶段构件的强度、稳定性及结构变形验算。

④加固后的结构验算应考虑附加荷载(温度变化、混凝土收缩徐变、预加应力、墩台位移、安装应力等)的影响。

⑤改变结构体系加固时，结构构件任一截面上的应力不宜超过材料强度的设计值。

⑥加固验算时，应根据桥梁建设年代的设计荷载、材料性能进行相应计算。

⑦桥梁加固设计可按下列程序进行：加固工程可行性研究(含估算)→加固方案初步设计(含概算)→加固施工图设计(含预算)。

(2)水下结构还应遵守如下的原则进行加固设计和施工：

①桥梁结构由于结构失效或损伤经评估(公路旧桥承载能力评定方法)不满足结构安全或正常使用要求时，必须进行加固。加固设计的内容及范围，应根据评估结论和委托方提出的要求确定，可以包括整座桥梁，亦可以是指定的区段或特定的构件。

②加固后的桥梁结构整体寿命应恢复到原设计的桥梁寿命。

③加固设计应与施工方法紧密结合，并采取有效措施，保证新老结构可靠、协同工作。

④对于大桥、特大桥，其主要承重构件需要加固补强时，加固设计方案应不少于2个，并进行方案比选和经济评价，完成加固方案可行性研究报告。

⑤加固设计及施工尽量不损伤原结构，并保留具有利用价值的构件，避免不必要的拆除或更换。

⑥加固设计应按下列原则进行承载力验算：

a. 结构的计算应根据加固后结构的实际应力情况和实际的边界条件进行。

b. 对于结构的计算截面积，保留的构件采用基于检测结构的计算截面积，新增构件采用实际有效截面积，并考虑结构在加固后的实际受力程度、加固部分的应变滞后特点，以及加固部分与原结构协同工作的程度。

c. 加固后使结构恒载增大时，应对被加固的相关结构及基础进行验算。

⑦在加固施工中，尽可能减少对桥上和桥下通行车辆及行人的干扰，采取必要的措施，减少对周围环境的污染。

⑧在加固施工过程中，若发现原结构或相关工程隐蔽部分的构造有严重缺陷时，应立即停止施工，会同加固设计方研究，采取有效措施进行处理后，方能继续施工。

⑨加固施工过程中，应采取安全检测措施，确保人员及结构的安全。

3.1.2 增补桩基加固法

1）基本原理

当地基承载力不够，基础沉降较大，原桩基破损，或者因交通量增大引起桥梁的活载增大，将导致原桩基承载力不足。为提高地基承载力，在桩基础的周围补加钻孔桩或打入钢筋混凝土预制桩并扩大原承台，将承台与桩顶连接在一起，使墩台的压力部分传递至新桩基，以此提高基础承载力（图 3.1-1）。

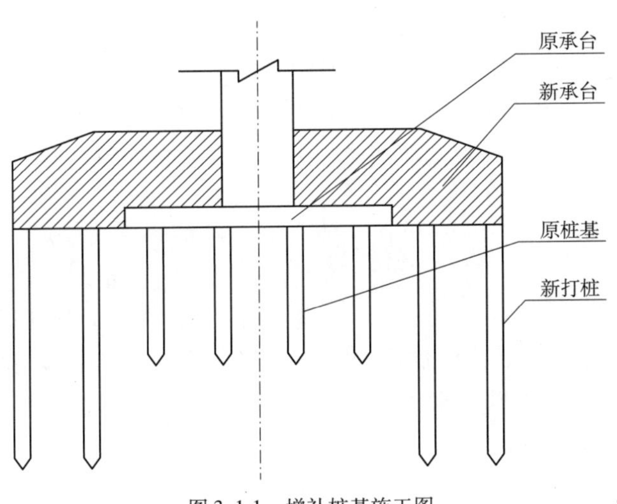

图 3.1-1 增补桩基施工图

按设计要求完成桩基施工之后，对桩基承载力做现场检查，符合要求后再将原有承台扩大，覆盖所有新桩基。扩大部分承台的主筋应与原承台钢筋直接相连，或采用植筋法与原承台主筋间接相连（图 3.1-2）。

2）设计要点

该方法的优点是不需要抽水筑坝等水下施工作业，且加固效果显著；缺点是需搭设打桩架和开凿桥面，对桥头原有架空线路及陆上、水上交通均有一定影响。

增补桩基的加固方法适用于以下情形：

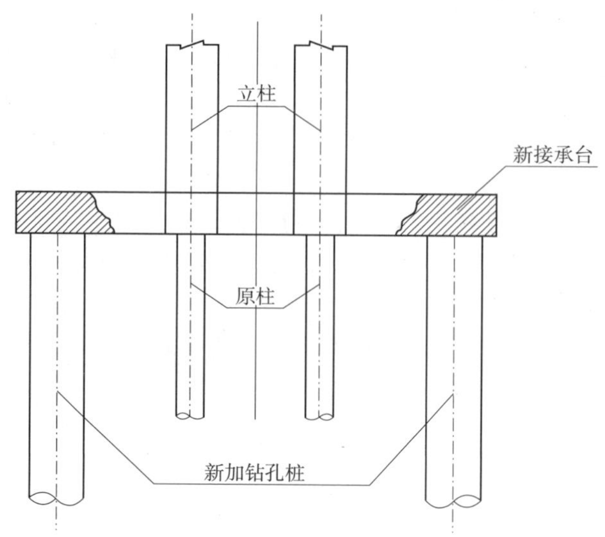

图 3.1-2　扩大承台

(1)当桥梁采用桩基础时,改造拓宽项目,可通过增加桩的数量,扩大承台面积,提高基础承载力。

(2)桥梁墩台基底下有软弱层,墩台发生沉陷,但桩的深度不足。

(3)由于风蚀、水蚀或冲刷等原因使桩基外露或发生倾斜。

这种方法既可采用打入桩,又可采用钻孔灌注桩,但是需要充分考虑新增桩基施工过程中对现有桩基的影响,合理安排施工顺序,确保施工过程的安全。

对单排架桩式桥墩采用打桩(或钻孔灌注桩)加固时,如原有桩距较大(4～5 倍桩径),可在桩间插桩;如原桩距较小且通航净跨允许缩小时,可在原排架两侧增加桩数,改为 3 排式的墩桩。

当桥台竖向承载力不足时,一般可在台前增加一排桩并浇筑盖梁,以分担上部结构传来的压力。打桩(或钻孔桩)时可利用原有桥面做脚手架,在桥面上开洞插桩。增浇的盖梁可单独受力,也可与旧盖梁连接在一起,使旧盖梁、旧桩及新桩一起受力。在对一些结构良好的旧桥采用增补桩基实施水下结构加固时,往往受桥下净空影响,不能满足常规机械的进入,可利用旧桥的上部结构自重,以手动大吨位千斤顶,将预制桩无振动、无噪声地嵌入土中。压入桩的承台与施工反梁合二为一,既为静压施工传递上部恒载的反梁,又为加固的桥墩提供一个新老桩基共同受力的承台。

由于地基土的分层和其物理力学性质不同,桩的尺寸和设置方法不同,都会影响桩的受力状态。从桩的受力上分析,增补桩基加固法中常采用摩擦桩和柱桩两种桩基形式。

摩擦桩主要依靠桩侧土的摩阻力支承垂直荷载,桩底土层抵抗力也支承部分垂直荷载。摩擦桩在设计范围内总是桩周摩阻力首先充分发挥作用,而这时桩尖阻力仅占很小一部分。桩侧极限摩阻力的大小不仅与桩侧土层和成桩工艺有关,而且与桩的入土深度有关。当桩的入土深度超过一定深度后,侧阻不再随深度增加而增大,到达临界深度,临界极限摩阻力大约在 25m 深度处发生。

柱桩一般专指桩底直接支承在基岩上的桩,桩的沉降甚微,桩侧摩阻力可忽略不计,全部垂直荷载由桩底岩层抵抗力承受。

采用此方法加固基础时，应对原承台和加固后的承台的直剪应力、主拉应力、受弯强度分别进行检算；应对新增加桩的配筋、混凝土强度进行检算。

3）施工工艺

加桩成孔施工时，选用振动小的成孔设备，不得使用冲击钻，并应采取措施，避免出现涌砂、塌孔，孔内保持足够稳定的水头；加桩为支承桩，必须保证嵌岩深度及清孔沉淀厚度达到设计要求；成桩后要求做超声检测。

承台表层混凝土施工时，清除混凝土表面污物，要求承台混凝土骨料外露，表面粗糙；植埋锚筋；在张拉环形预应力钢束后，外挂钢筋网。要求水平钢筋采用焊接，形成闭合环形；立模浇筑混凝土，要求采用微缩混凝土，以减少干缩变形。浇筑新混凝土前，混凝土界面应清理干净，无碎石、尘土等污物，然后喷涂界面剂，以保证新旧混凝土的可靠黏合；为降低混凝土的收缩和保证抗渗抗裂性能，混凝土湿养时间不能少于14d。

施工观测时，为确保施工过程中的安全，应加强必要的观测，即在交界墩墩顶、承台顶面设置测点，施工期间随时监测各测点的水平变位及高程变化，各阶段观测要点如下：

（1）围堰施工前，对各测点进行观测，所测数据作为基准参数。

（2）在承台临时加固完成后，第一根加桩施工前，对各测点进行观测。各桩成孔过程中，每钻进10m及终孔时各观测1次。

（3）托梁混凝土浇筑后，张拉预应力钢束前，对各测点进行观测。张拉后再次观测。

（4）在全部施工完成后，对各测点进行观测。

如所测水平变位或高程变化出现异常，应立即分析原因，及时采取相应措施。

3.1.3　旋喷造桩

1）基本原理

高压旋喷桩为高压喷射注浆的一支系，它利用钻机把带有特殊喷嘴的注浆管钻进至预定深度，然后用高压泥浆泵将浆液与水加高压从喷嘴中喷出，形成高压流，强力冲击破坏土体。成桩机制包括射流的冲动掺搅、升扬置换、充填挤压和渗透凝结4个过程：当高压喷射流以大能量快速度的旋转压超过土体结构强度时，土粒便从土体中分解剥落下来，部分细小土粒随浆液冒出水面，其余土粒在高压喷射流的冲击力、离心力和重力作用下与浆液旋转搅拌混合，并按一定的浆土比例重新排列，浆液凝固后便在土中形成固结体，加固地基，提高抗剪强度，改善土的变形性质，使其在上构荷载直接作用下，避免产生破坏或过大的变形。高压喷射注浆的基本方法有单管、二重管、三重管和多重管法，如图3.1-3所示。

高压旋喷注浆法用于桥梁桩基加固工程，可以有效地清除桩周泥皮的涂抹作用，与原桩基础紧密地结合在一起，扩大了桩径，提高桩周摩擦力，从而提高了单桩的承载力；此外，设计旋喷桩桩长比钻孔灌注桩长2m，并在该钻孔灌注桩桩底2m范围处复喷，增加了桩长，并形成“扩大头”，提高桩端阻力。

2）设计要点

对于跨径小，单孔荷载小，位于陆地上的基础下沉，可以采用此方法。具体步骤为：首先钻孔至设计桩底，然后将特种水泥浆或高效固结剂由高能压浆泵从钻头喷嘴喷出，边射边转动钻头,并自下而上循序提升。经过旋喷形成直径不小于 30cm 且上段植入钢筋的新桩基,再将承台扩大至各新桩顶部,形成整体,提高整个桥墩的承载力,减小基础的下沉。

a)

b)

图 3.1-3　高压旋喷桩施工现场

3)施工工艺

高压旋喷桩的施工工艺流程如图 3.1-4 所示。

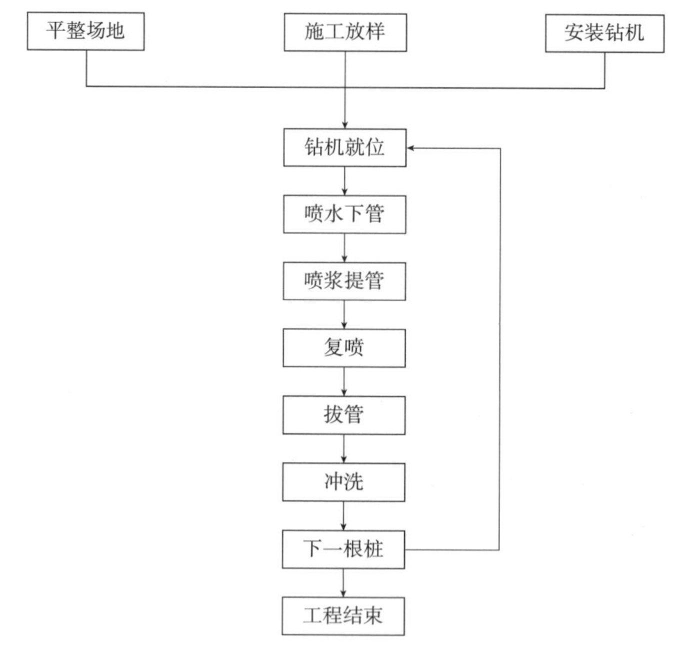

图 3.1-4　高压旋喷桩施工工艺流程图

(1)施工时应根据桩位平面布置图设计的孔位进行施工。为了使旋喷桩更紧密地结合原桩基,旋喷孔应尽量靠近原钻孔桩桩壁。

(2)施工时应保证钻孔的垂直偏差不超过 11.5% ,桩位偏差不大于 50mm。

(3)采用双管复喷工艺,即先喷一遍清水,再喷一遍水泥浆。喷水压力不小于 20MPa,喷浆压力 24 ~ 26MPa,提升速度 18 ~ 20cm/min,旋转速度 20 ~ 25r/min,桩体水泥用量为 220kg/m。

(4)喷射孔与高压注浆泵的距离不宜大于50m,实际孔位、孔深和每个钻孔内的地下障碍物、洞穴、涌水及漏水等情况均应详细记录。

(5)当喷射注浆管贯入土中,喷嘴达到设计高程时,即可喷射注浆。在喷射注浆参数达到规定值后,随即按设计要求,提升喷射管,由下而上喷射注浆。

(6)高压旋喷注浆应自下而上进行,当注浆管不能一次提升完成需分数次卸管时,卸管后的搭接长度不得小于100mm,以保证固结体的整体性。

(7)对被加固桩基基底需要局部扩大的2m加固范围采用复喷措施。

(8)旋喷桩应采用跳开法施工,单桩完成24h后跳开进行下一桩的施工,以防喷射过程中被加固桩基产生附加变形和桩基与土层间出现脱空现象。

(9)高压喷射注浆过程中,搅拌时间超过4h的水泥浆液,不宜使用。

(10)高压喷射注浆完毕,应迅速拔出喷射管。

(11)施工中应严格按照施工参数和材料用量施工,并如实做好各项记录。

(12)当高压喷射注浆完毕后,若喷射注浆过程因故中断,短时间(小于或等于浆液初凝时间)内不能继续喷浆时,均应拔出注浆管清洗备用,以防浆液凝固后注浆管难以拔出或喷嘴堵塞。

3.1.4　复合注浆加固法

1)基本原理

复合注浆技术是指将静压注浆法和高压旋喷注浆法进行时序结合,从而发挥两种注浆技术优势的一种新型注浆技术。实际工程中是先采用高压旋喷注浆成桩柱体,再采用静压注浆增强旋喷效果,扩散加固浆液,防止固结收缩,消除注浆盲区。

将复合注浆方法应用在桩基础加固中,能充分发挥静压注浆法和高压旋喷注浆法的优点,克服各自缺点,适用地层范围广,加固效果好,保证了加固的成功率和安全性(图3.1-5)。

a)

b)

图3.1-5　复合注浆施工现场

复合注浆法可用于加固处理持力层较弱的工程灌注桩:设计所要求的坚硬持力层过深或施工时未达到坚硬持力层,可采用桩内预留孔或钻孔方式,以复合注浆加固。也可用于有桩身质量问题的灌注桩、需要扩底的预制桩及桩底下软夹层、溶洞、溶沟、土洞的处理。

主要作用机制:高压喷射流对土体的喷射切割作用;浆液与土的搅拌置换固结作用;静压注浆浆液对土体的渗透、劈裂、挤密作用。

2）特点

（1）复合注浆法适用地层范围广，既适用于加固渗透性大的砂卵石层，又可适用于渗透性较差的黏土、粉土和粉细砂层及淤泥等软弱土层，还可以用来加固溶岩地层的地下溶洞。

（2）复合注浆法浆液扩散范围大，不仅对高压喷射流喷射破坏土体的极限范围之内的土体进行转换加固，而且对喷射破坏土体的极限范围之外的土体以充填、渗透、挤密和劈裂等方式进行注浆加固，在成桩的同时对地基土有灌浆加固作用。

（3）复合注浆法能定向、定位、定深度，形成连续的圆柱状的旋喷桩体。旋喷桩体顶部无收缩，与原基础或桩结合紧密。能直接承受上部荷载，承载力较高。固结体强度较高，且固结体强度可根据设计需要进行调节，其强度范围为5～30MPa。与只用高压喷射注浆形成的固结体相比，复合注浆法形成的连续的圆柱状的旋喷桩体，其各方面的性能都有了提高。

（4）复合注浆法钻孔施工口径较小，对既有建筑物基础和地面损害和扰动小，可调节浆液的凝固时间，施工期建筑物附加沉降小。经济可靠，耐久性好。

（5）复合注浆法施工简便，施工机具适合既有建筑物狭窄和低矮的现场施工，施工时基本无噪声，材料对环境无污染，可满足办公和生活要求并保护环境（图3.1-6）。

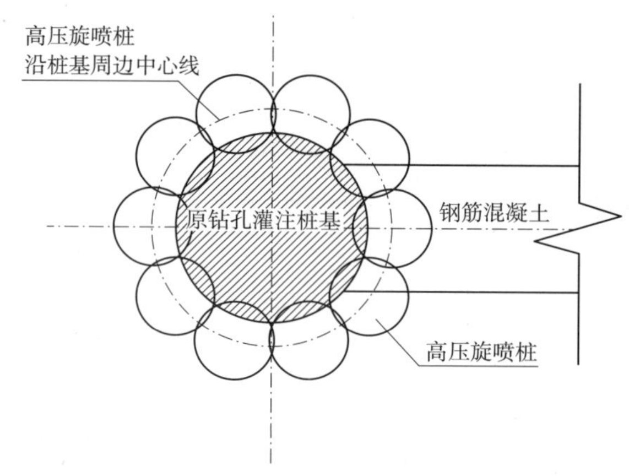

图3.1-6　复合注浆桩位平面布置图

3）施工工艺（图3.1-7）

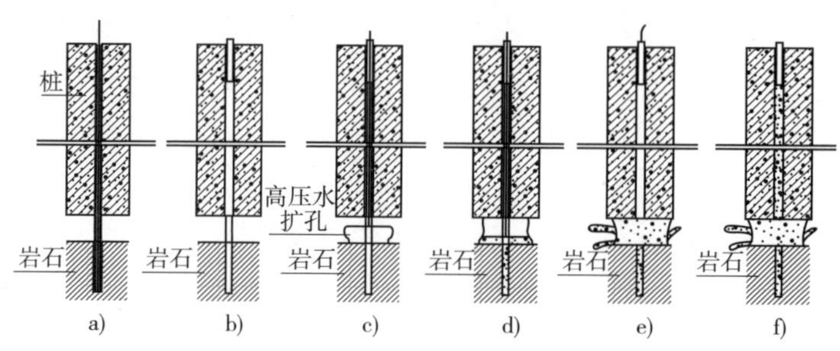

图3.1-7　复合注浆加固处理桩基施工工艺流程

a）注浆钻孔施工；b）建立孔口注浆装置；c）高压旋喷喷射清水；d）高压旋喷注浆；e）静压注浆；f）封孔

(1)注浆钻孔施工:先采用地质钻机在桩中进行钻孔抽芯,对桩身缺陷段加固时需在桩中钻孔抽芯至缺陷位置以下1m左右,对桩底持力层缺陷加固时需根据设计桩底持力层要求从桩中或桩侧钻孔抽芯至完整持力层以下3m左右。钻孔孔径为ϕ101mm,钻孔垂直度保证<1%。

(2)建立孔口注浆装置:注浆钻孔施工完成以后,在注浆孔口建立注浆装置。孔口注浆装置采用预埋的方式固定在桩顶注浆孔口,采用水泥水玻璃浆液将孔口装置与钻孔之间的间隙固定密封。孔口注浆装置既要满足静压注浆要求,又要满足高压旋喷注浆管可以从其中下钻的要求。

(3)采用高压旋喷方式喷射清水进行冲洗扩孔:孔口注浆装置埋设1~2d后,先采用高压旋喷方式喷射清水,对有缺陷位置进行冲洗,喷射清水时须按设计规定的工艺参数(喷射压力、提升速度、旋转速度)进行喷射,将注浆管分段下入孔底,每段注浆钻杆需连接紧密并采用麻丝密封。旋喷清水采用从下而上的方式。旋喷清水一般采用单管旋喷注浆方式,清水一般喷射1~3遍,经喷射清水后,可扩大喷射直径并增加固结体的强度。

(4)采用高压旋喷注浆方式进行注浆:按要求进行清水喷射洗孔和扩孔后,再采用高压旋喷注浆方式进行旋喷注浆。将注浆管分段下入孔底后,从下而上进行旋喷注浆。旋喷注浆一般采用单管旋喷注浆方式。

(5)采用静压注浆方式进行注浆:高压旋喷注浆结束后,利用孔口注浆装置封住孔口进行静压注浆。静压注浆开始时采用较稀的浆液和较低的注浆压力,随后逐渐增加浆液稠度并加大注浆压力,直至设计的注浆量和注浆压力为止。一般静压注浆在浆液终凝前需进行2~3次灌注。静压注浆可以采用单液注浆也可采用双液注浆。

(6)封孔:静压注浆结束后,若注浆孔口冒浆,需对孔口进行封闭处理,防止浆液流出;若注浆结束后孔内浆液有流失,需补灌浆液到注浆孔内浆液饱满为止。

3.1.5 水泥粉喷桩

1)基本原理

水泥粉喷桩是“粉体喷射搅拌法”对基础持力层软弱地基加固的方法之一。粉体喷射搅拌是深层搅拌法的一种,水泥粉喷桩系采用粉体材料水泥作为固化剂,通过喷搅机械,用压缩空气将水泥粉体以雾状喷入地基土中,与原地软土就地强制拌和,利用水泥吸水和与周围土颗粒发生水解、水化反应,并进行阳离子交换等物理化学作用,硬化后形成整体性强、水稳性好和强度足够的水泥土桩主体,置于天然地基土中作为外加的可以提高地基性能的建筑材料,形成复合地基;桩体材料的强度和变形模量明显大于原地基土的相应指标,在刚性基础的作用下,桩体和桩周土共同作用符合变形协调原理,地基的强度和变形出现复合作用的效果。

2)设计要点

(1)粉喷桩施工前应根据设计进行成桩试验,并根据试验结果,确定粉喷桩的施工工艺。根据地质资料初步确定粉喷桩施工工艺为全程复搅。有效桩长暂定为7m,桩径500mm。桩距按中心距离纵横间隔均为1 200mm(图3.1-8)。

(2)粉喷桩全程复搅主要施工步骤为:预搅下沉至桩底→连续喷粉搅拌提升→复搅下沉至桩底→复搅提升。

a)

b)

图 3.1-8　水泥粉喷桩施工现场

(3)施工现场开挖后应予以平整,对水塘及洼地应加强抽水及清淤,回填黏性土料并予以压实,不得回填杂填土。在各断面设计基准面以上应预留不小于 1.0m 的土层作为粉喷桩的施工面。

(4)粉喷桩搅拌头翼片的枚数、宽度、搅拌头翼片与搅拌轴的垂直夹角、搅拌头的转数和提升速度应相互匹配,以确保加固深度范围内土体的任何一点均能经过 20 次以上的搅拌。

(5)喷粉施工前应仔细检查搅拌机械、供粉泵、送气(粉)管路、接头和阀门的密封性、可靠性。送气(粉)管路的长度不宜大于 60m。

(6)粉喷桩的水泥掺量按设计要求暂定为 50kg/m,施工中水泥干粉泵送必须连续,喷粉施工机械必须配置经国家计量部门确认的、具有能瞬时检测并记录出粉量的粉体计量装置及搅拌深度自动记录仪。

(7)粉喷桩预搅下沉过程中,当搅拌头到达设计桩底以上 1.5m 时,应立即开启喷粉机提前进行喷粉作业;当搅拌头提升至地面以下 500mm 时,喷粉机应停止喷粉。

(8)搅拌头每旋转 1 周,其提升高度不超过 16mm;控制粉喷桩每米下沉及提升速度小于 0.8m/min。粉喷桩提升前应在桩底停留一定时间,停留时间应根据工艺桩确定。

(9)粉喷桩施工时,停灰面应高于设计桩顶高程 500mm。在建筑物浇筑前的基坑开挖中,将设计桩顶以上部分以人工凿除,严禁采用挖掘机等机械凿除,以免破坏桩身。对于建筑物底板设混凝土垫层的部位,粉喷桩桩头保留 50mm 浇入垫层内。

(10)成桩过程中,因故障停止喷粉,应将搅拌头下沉至停灰面以下 1.0m 处,待恢复喷粉时再喷粉搅拌提升。

(11)搅拌头的直径应定期复查,其磨耗量不得大于 10mm。

(12)施工中应随时校正机械设备的垂直度和平整度,保证成桩质量。粉喷桩的垂直度偏差不得超过 1%,桩位偏差不得大于 50mm,成桩直径和桩长不得小于设计值。

(13)施工过程中必须随时做好施工记录和计量记录。并经常检查施工记录,对每根桩进行质量评定,对不合格桩应与设计单位联系,根据其位置和数量等具体情况采取补桩加强等措施。

3)施工工艺

(1)室内配合比试验:现场采取土样做水泥土的配合比试验,测定各水泥土不同龄期、不同掺入比试块的抗压强度,合理确定适合当地土质的水泥渗入量,最终选取水泥掺入量。

(2)场地平整、清障及回填:施工前先对施工场地进行平整,同时清除地上和地下障碍物;遇有淤泥的场地,在挖除淤泥后回填中至重粉质壤土并压实,形成工作平台。

(3)试桩:施工前根据设计进行工艺性试桩,试桩数量4根,桩长进入下卧硬土层1.0m,根据试桩情况,选择合理的搅拌时间、次数、提升速度等技术参数,确定搅拌桩的成桩工艺。

(4)打先导孔:施工前在桩的分布范围内打先导孔,孔距纵向10m,横向5m,探明软弱土层和底层硬土层的深度,为下步施工提供依据。

(5)水泥粉喷桩施工流程:

①搅拌机就位、调平。

②预搅下沉至设计加固深度。

③桩位底端喷粉并原地搅拌30s后开始提升搅拌头,边提升边喷粉至停灰面高程。

④重复②、③两步骤。

⑤成桩完毕。

3.1.6　纤维(FRP)网格加固

1)基本原理

桥梁水下结构的"无排水"施工技术,解决了施工工艺的关键技术难点:利用了FRP网格水下成型方便、水下不分散砂浆或水下不分散树脂的水下施工性能,在无排水条件下实现对水下结构的加固,实现了桥梁水下结构高速、便捷、廉价、可靠的加固技术目标(图3.1-9)。

图3.1-9　纤维网格加固技术施工现场

2)施工工艺

(1)混凝土基层处理:网格状FRP是利用锚栓和聚合物水泥砂浆进行锚固,故界面处理也很重要。为了能达到预定的黏结强度,加固施工前应充分清除原有混凝土表面的薄弱层、水泥浆皮及油脂等污渍,直到露出坚实表面。

(2)受损伤构件的修补:在对已劣化损伤的混凝土构件进行耐久性修补时,掌握了劣化原因和损伤状况后,应凿除不良混凝土部分,并对原有钢筋进行适当的防锈处理,然后配以足量的纤维网格进行加固处理。

(3)安装纤维网:安装时一般使用锚钉等固定件将纤维网牢牢固定于原有混凝土之中,纤维网的安装施工要尽可能地避免与原有混凝土之间出现间隙。另外,当利用锚钉固定纤维网时,为了防止拧紧锚钉时损伤纤维网,应采取垫橡胶垫等隔离措施。

(4)纤维网的搭接:纤维网之间的搭接是利用锚钉将搭接部位固定于原有混凝土之中,以保证符合规定的接头长度。为了不使搭接接头成为结构上的薄弱环节,应使用锚钉将纤维网搭接部位的两侧牢牢固定于原有混凝土之中。另外,所规定的接头长度原则上通过试验来确定。

(5)新旧混凝土黏结材料的涂覆:纤维网工法中应使用性能优异的底涂树脂作为新旧混凝土界面的黏结材料。

(6)砂浆的搅拌:聚合物水泥砂浆应严格按照每种材料所规定的配合比配置,以保证强度;同时应根据规定的投料顺序、搅拌设备的能力、搅拌时间等,按照规定的搅拌方法进行充分搅拌,否则会影响其流动性、喷射性和强度。聚合物水泥砂浆的抗压、抗弯、抗拉及黏结强度和弹性模量等指标要满足相关标准。

(7)涂抹或喷射砂浆:可采用喷射或镘刀抹平方式进行聚合物水泥砂浆施工。一般采用喷射工艺,当小规模施工或其他因素制约而不能采用喷射工艺施工时,可以采用镘刀抹平的方式施工。

上述加固方法和施工工艺均有如下特点:

(1)要求施工工艺简便,施工速度快、工期短,尽量减少因交通受阻等所带来的损失。

(2)施工现场狭窄、拥挤,常受原有结构物的制约,应合理安排工序。

(3)补强加固施工往往对原有结构物及相邻结构构件产生不利影响。

(4)应尽量减少对原结构的破坏,对于确无利用价值的构件则予以报废、拆除,但其材料应尽量回收。

(5)施工中对原有结构的拆除、清理工作量大,工程较烦琐、零碎。

(6)存在许多不安全因素,要求施工人员更加注意操作安全与施工质量,加强施工管理。

(7)加固方案拟定要充分考虑新、旧结构的强度、刚度与使用寿命的均衡,以及新、旧结构的相互作用,要做到安全可靠,结构耐久。

3.2 实例分析

3.2.1 工程概况

以G325国道九江大桥桩基加固工程为实例(图3.2-1)。G325国道九江大桥主跨为两通航主孔,每孔通航净高22m,净宽80m,可自由航行3 000t级海轮,设计主塔墩能够承受顺水向船舶撞击力1 200t。

大桥斜拉桥下部构造20~22号桥墩均为高桩承台群桩基础。20号桥墩为广州(北岸)侧斜拉桥过渡墩,承台底面高程为0.00m,基础为变截面桩基础,承台处桩径为ϕ300cm,进入河床覆盖层后桩基础桩径过渡为ϕ240cm,桩底嵌入细粒花岗岩中桩径变为ϕ200cm;承台平面形状为六边形,上下游侧设置分水尖形防撞构造,承台下共有4根桩。根据广东九江大

图 3.2-1 G325 国道九江大桥概貌

桥原施工图设计地质原始资料,20 号桥墩处河床覆盖层顶面线(原河床地面线)高程为 -4.80m,与承台底面距离(即高桩承台群桩基础桩基自由长度)为 480cm,覆盖层为细砂、中细砂及含砂砾卵石土组成,覆盖层总厚度为 56m 左右,桩基础底面高程为 -62.25m,嵌入细粒花岗岩中深度为 1m 左右;细粒花岗岩自然状态下单轴极限抗压强度为 30MPa 以上。

21 号桥墩为斜拉桥主塔下桥墩,承台底面高程为 0.00m,基础为变截面桩基础,承台处桩径为 ϕ300cm,在河床覆盖层处桩基础桩径过渡为 ϕ240cm,桩底嵌入细粒花岗岩中桩径变为 ϕ200cm;承台平面形状为六边形,上下游侧设置分水尖形防撞构造,承台下共有 18 根桩。根据广东九江大桥原施工图设计地质原始资料,21 号桥墩处河床覆盖层顶面线(原河床地面线)高程为 -11.00m 左右,与承台底面距离(即高桩承台群桩基础桩基自由长度)为1 100cm左右,覆盖层为细砂、中细砂及含砂砾卵石土组成,覆盖层总厚度为 40m 左右,桩基础底面高程为 -56.05m,嵌入细粒花岗岩中深度为 4m 左右;细粒花岗岩自然状态下单轴极限抗压强度为 30MPa 以上。

22 号桥墩为湛江(南岸)侧斜拉桥过渡墩,承台底面高程为 0.00m,基础为变截面桩基础,承台处及河床覆盖层中桩基础桩径为 ϕ170cm,桩底嵌入细粒花岗岩中桩径变为 ϕ200cm;承台平面形状为六边形,上下游侧设置分水尖形防撞构造,承台下共有 8 根桩。根据广东九江大桥原施工图设计地质原始资料,22 号桥墩处河床覆盖层顶面线(原河床地面线)高程为 -13.20m,与承台底面距离(即高桩承台群桩基础桩基自由长度)为 1 320cm,覆盖层为细砂、中细砂及含砂砾卵石土组成,覆盖层总厚度为 40m 左右,桩基础底面高程为 -54.90m,嵌入细粒花岗岩中深度为 2m 左右;细粒花岗岩自然状态下单轴极限抗压强度为 30MPa 以上。

九江大桥斜拉桥下部构造 20 ~ 22 号桥墩高桩承台群桩基础的承台及桩基础混凝土强度等级均为 C25。

3.2.2 水下结构检测和成果

1)桩基检测(图 3.2-2)

对 20 号、21 号、22 号墩共 40 根桩进行了详细检查,其中对 20-1 号、21-3 号、21-7 号、21-18 号、22-2 号、22-4 号及 22-8 号桩(共 7 根)进行了表面清理。检查结果显示:

(1)20 号墩桩身表面均有钢护筒保护,钢护筒座底,状况基本正常。

(2)20 号墩共有 18 根桩基,各桩身从承台往下约 20m 范围内均有钢护筒保护,外露桩身结构表面平整坚实,与承台连接处状况基本正常,未发现明显冲蚀、混凝土剥落破损及钢筋外露等现象。但 21 号墩承台在开平方向与上游方向转角处局部破损,破损面积为 1.6m × 0.4m;承台顶部在开平方向中间位置 1 根横向钢筋外露锈蚀,长度约 1.1m。

(3)22 号墩 x1 ~ x10 号为新桩,表面均有钢护筒保护,状况正常;22 号墩 1 ~ 8 号桩为原有旧桩,各桩身从承台底部开始往下 20 ~ 23m 范围内均有钢护筒保护。在无钢护筒保护范围内,各桩基表面均有局部钢筋外露现象。

(4)22 号墩 1 ~8 号桩为原有旧桩,部分有钢护筒保护,各桩基表面均有局部钢筋外露现象。

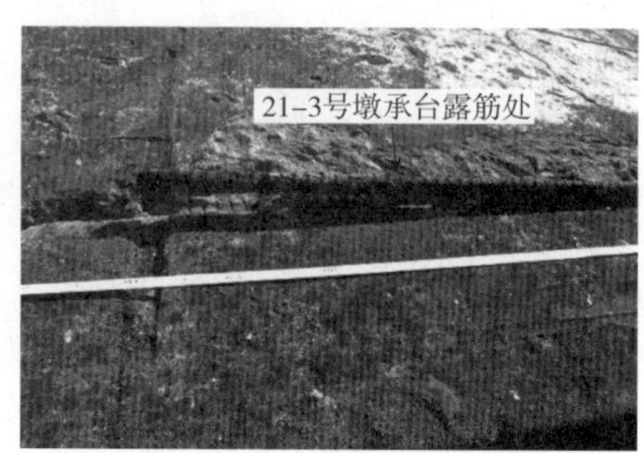

a)

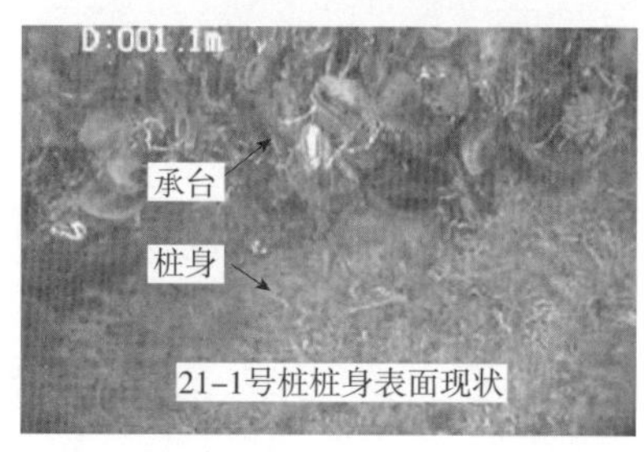

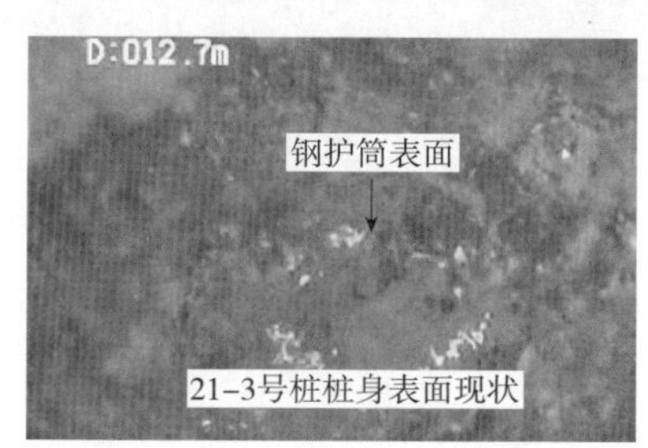

b)

图 3. 2-2　21 号墩桩基检查结果

a)承台检查;b)桩基检查

各桩基病害统计情况见表 3. 2-1。

桩基检查情况统计表　　表 3. 2-1

墩(桩)号		病 害 情 况	破损面积(m^2)
20 号墩		承台、桩身结构状况基本正常,未发现明显病害	—
21 号墩		桩身结构状况基本正常,但承台表面局部破损露筋	0. 8
22 号墩	x1 ~ x10 号桩	各新桩结构状况基本正常,未发现明显病害	—
	22-1 号桩	桩身表面局部钢筋外露	3. 0
	22-2 号桩	桩身表面局部钢筋外露	0. 1
	22-3 号桩	桩身表面局部钢筋外露	9. 43
	22-4 号桩	桩身表面局部钢筋外露	4. 0
	22-5 号桩	桩身表面局部钢筋外露	29. 42
	22-6 号桩	桩身表面局部钢筋外露	12. 3
	22-7 号桩	桩身表面局部钢筋外露	9. 8
	22-8 号桩	桩身表面局部钢筋外露	17. 4

2)河床断面检测结果

根据检查报告,九江大桥斜拉桥下部构造20~22号桥墩桩基础冲刷现象较为严重,整个河床因挖砂而变深,一般冲刷深度平均为10m左右,最大局部冲刷深度达到3m,造成整个河床覆盖层总厚度平均减少13m左右,尤其是22号桥墩处河床覆盖层总厚度减少16m左右,造成高桩承台群桩基础桩基自由长度变为30m左右,而覆盖层总厚度只有22m左右。高桩承台群桩基础桩基自由长度大大增加将使桩基桩身自身强度及稳定性显著降低,给九江大桥运营安全带来隐患。河道管理部门应加强河道治理力度,严禁在桥位处挖砂造成河道形态破坏从而加剧桥墩处河床冲刷现象的发生(表3.2-2、图3.2-3)。

G325国道九江大桥20~22号墩河床线对比表 表3.2-2

承台(或系梁)底至河床距离(单位:m)					
桥墩	2006年	2007年	2009年	2010年	2013年
20号	16.5		15.1	10.5	12.2
21号	21.8		27.0	23.2	24.3
	22.3		27.6	22.7	24.7
22号	29.3			31.0	32.4
				30.2	31.7

注:1.2013年为本次实测值;其余数据根据前期检测报告获得。

2.20号和21号墩周围2009年做过抛石处理。

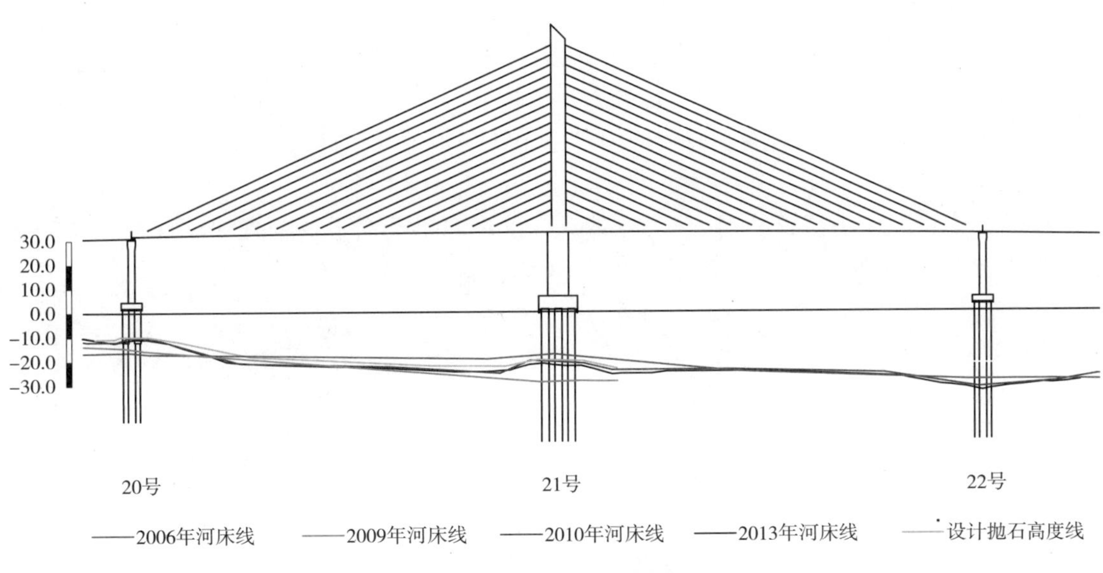

图3.2-3 20~22号墩附近河床线示意图

3)高桩承台群桩基础桩基混凝土病害

九江大桥斜拉桥下部构造20~22号桥墩均为高桩承台群桩基础,采用搭设钢管桩水上平台下钢护筒钻孔施工桩基础,钢套箱施工承台。在22号桥墩C承台发现桩基础有较严重的钢筋裸露、桩表面混凝土受海水严重腐蚀脱落等病害。桩基处钢护筒应打入原河床地面线以下1m左右，由于现河床地面线比原河床地面线因冲刷而平均下降了13m左右，造成桩基处钢护筒底面悬空于现河床地面线以上8～10m，检查报告仅仅检测了钢护筒底面与现河床地面线之间的桩基础混凝土表面病害，对于钢护筒内及现河床地面线以下的桩基础混凝土质量无法检测到，此检查报告作为九江大桥斜拉桥下部构造20～22号桥墩高桩承台群桩基础加固设计施工的依据有一定的局限性。为使桩基础加固设计施工体现出全面性和完整性，建议对现河床地面线以下的桩基础混凝土质量进行全面的检测和鉴定。

4)养护加固建议

G325国道九江大桥20～22号墩水下基础检查结果显示，大桥所在水域水流较急，大桥水下墩柱受水流冲刷影响较大。各桩柱表面附着水生物，以大小约2cm的壳类水生物为主，其覆盖范围约占桩身表面的70%；水深5m以下，壳类水生物逐渐减少。

针对G325国道九江大桥20～22号墩水下基础检查情况，建议如下：

(1)对桩基表面钢筋外露锈蚀现象，建议及时予以修补，防止病害继续发展。

(2)河床呈现继续下切趋势，22号墩河床以上原有旧桩约10m范围桩基没有钢护筒保护，建议及时采取适当措施进行维护处理。

(3)加强水下基础的日常养护和定期检查，及时掌握水下基础状况。

3.2.3 加固设计

1)加固目标

(1)阻止裂缝的进一步扩展和锈蚀，对裸露的钢筋采取保护措施。

(2)提高承载能力，进行补强加固，增强安全储备。

(3)改善结构抗裂性能，加固后的结构其适用性和耐久性增强。

2)加固设计方案

加固方案将原施工留置的钢护筒全部保留，仅将原钢护筒下缘与现河床地面线之间的桩基础混凝土表面外包水下钢护筒进行防护加固。加固思路为增大桩径，灌注水下混凝土。

将加工好的两块半圆形钢板包住桩基，上至原护筒下缘顶上1m，下至现清理后河床线以下100cm，钢板内侧与桩基表面间距40cm，并在钢板锚固翼板上每隔2m左右用普通螺栓将两块半圆形钢板锚住形成桩基外包钢护筒，在两块半圆形钢板锚固翼板接触处需设置橡胶防水材料。外包钢护筒采用开口式，其顶部比原钢护筒底高1m，在桩基变截面处以变截面过渡形成此处外侧环形钢套筒(图3.2-4～图3.2-7)。

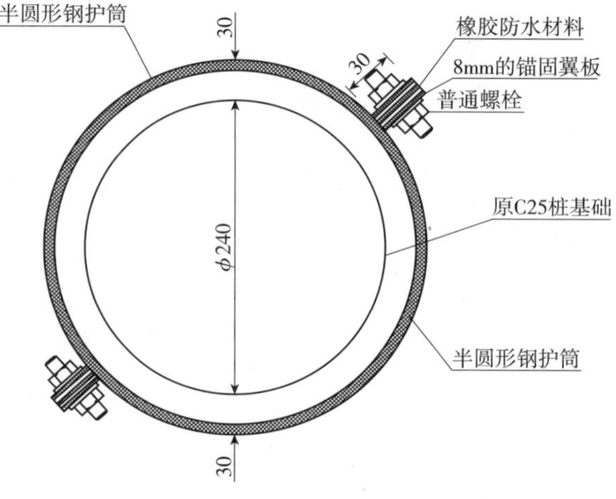

图3.2-4　半圆形钢板外包钢护筒(尺寸单位：cm)

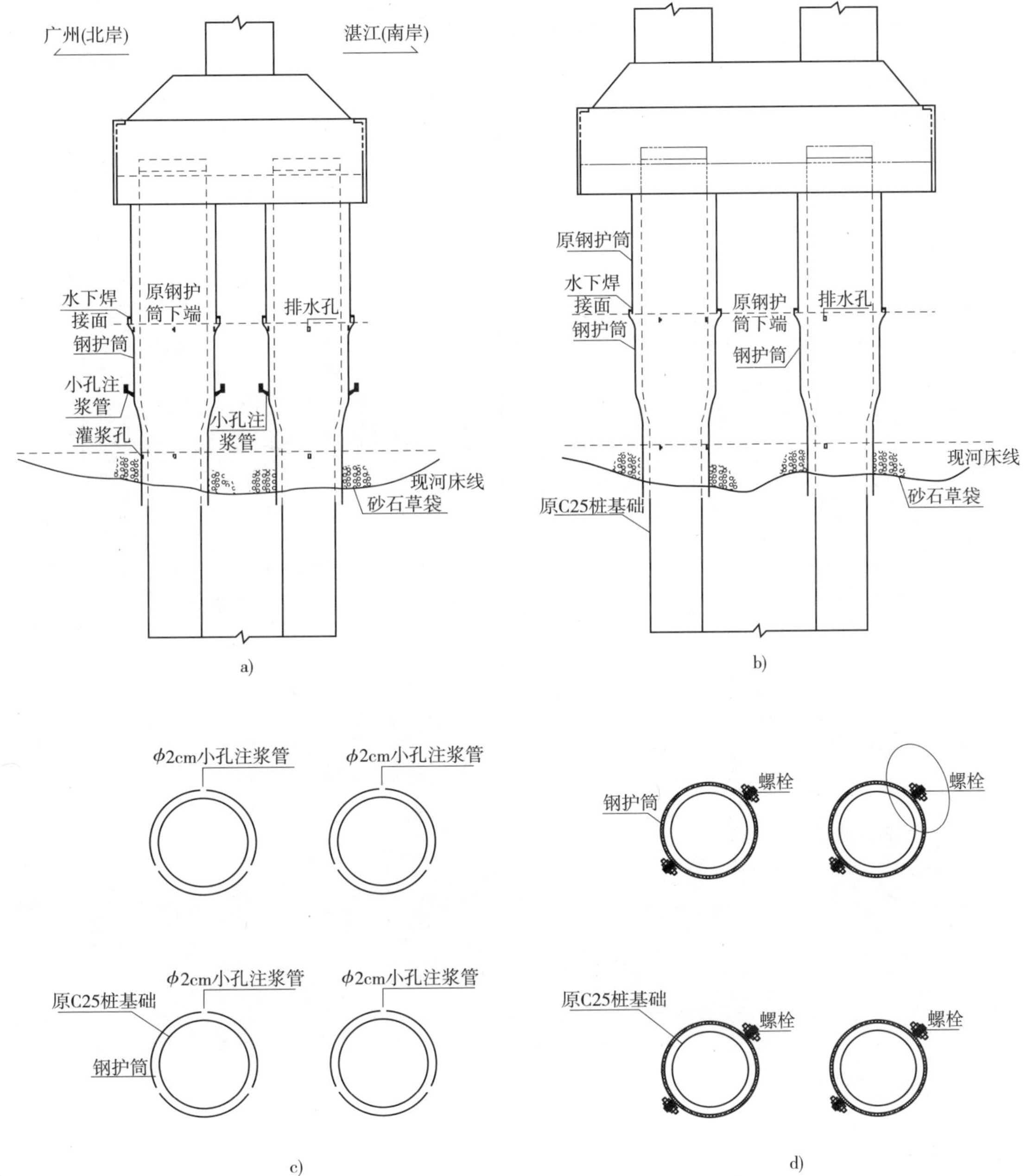

图 3.2-5　20 号墩加固设计图

a)桩基侧立面;b)桩基立面;c)桩基灌浆孔;d)钢护筒

由潜水员把导管送至新加护筒底后开始输送混凝土,然后根据混凝土的流量慢慢提升导管。每根桩至少设置 3 个输送混凝土导管,沿桩周等间距布设,并同时提升。钢护筒可分段预制;外包钢护筒下沉至确定高程,可采用压重并辅以潜水冲坑法进行下沉作业。浇筑水下混凝土的搅拌机功率,应能满足外包混凝土在规定时间内灌注完毕。

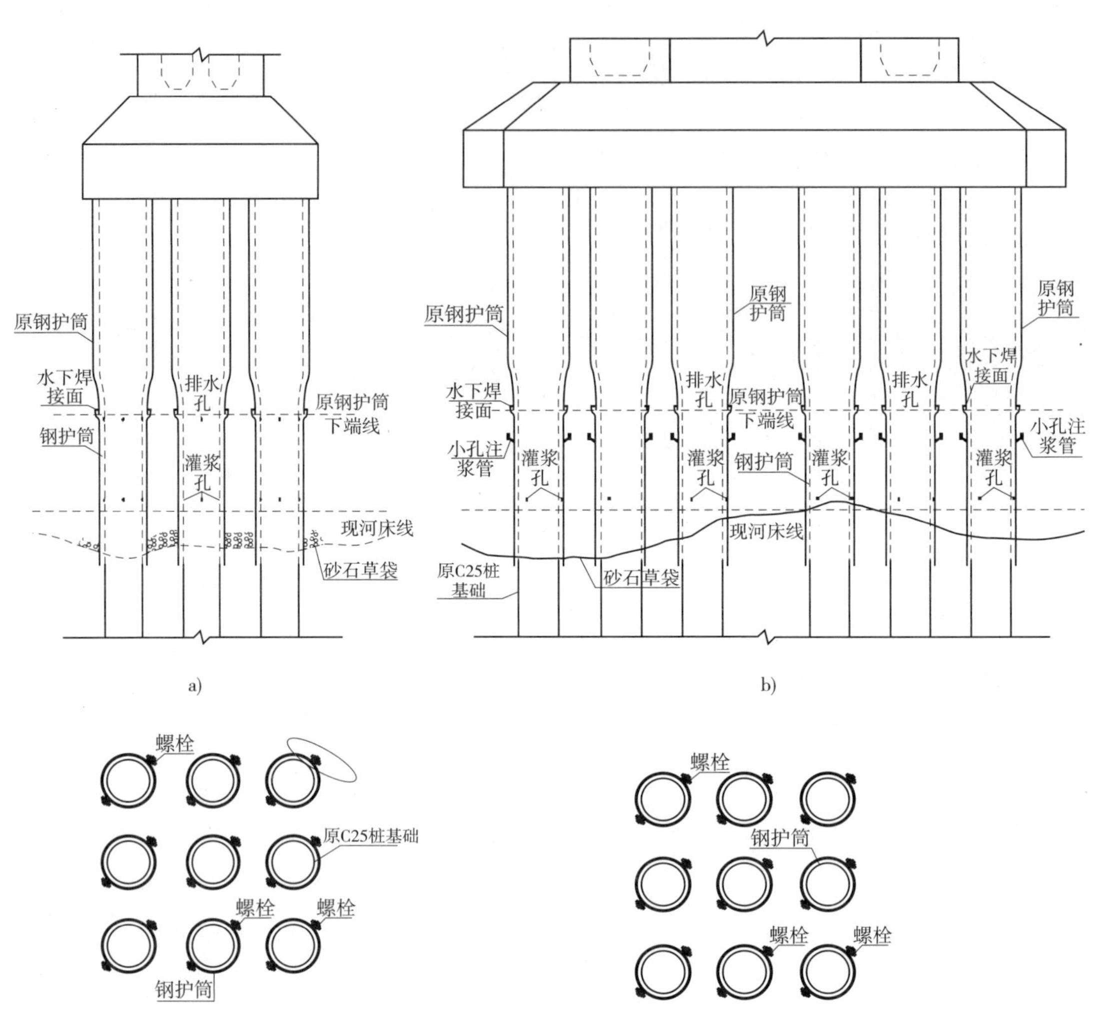

图 3.2-6　21 号墩加固设计图

a)桩基侧立面;b)桩基立面;c)原桩基平面;d)桩基平面

3.2.4　加固施工

1)总体施工顺序

施工前调查桩基处河床碎石堆积情况,清除桩基表面的水生物和松散混凝土;在钢护筒四周安装钢筋网;将加工好的两块半圆形钢板包住桩基;设置钢导管端口;浇筑水下小石子混凝土;再进行注浆施工(图 3.2-8)。

2)具体施工顺序

(1)施工前先要调查清楚桩基处河床碎石堆积的情况,包括石块堆积深度及大小;再根据河床情况,确定钢护筒下放高程及桩侧岩土的清理措施,并须事前告知设计单位。

(2)将桩基周围表面松软混凝土清除干净,露出新鲜混凝土。

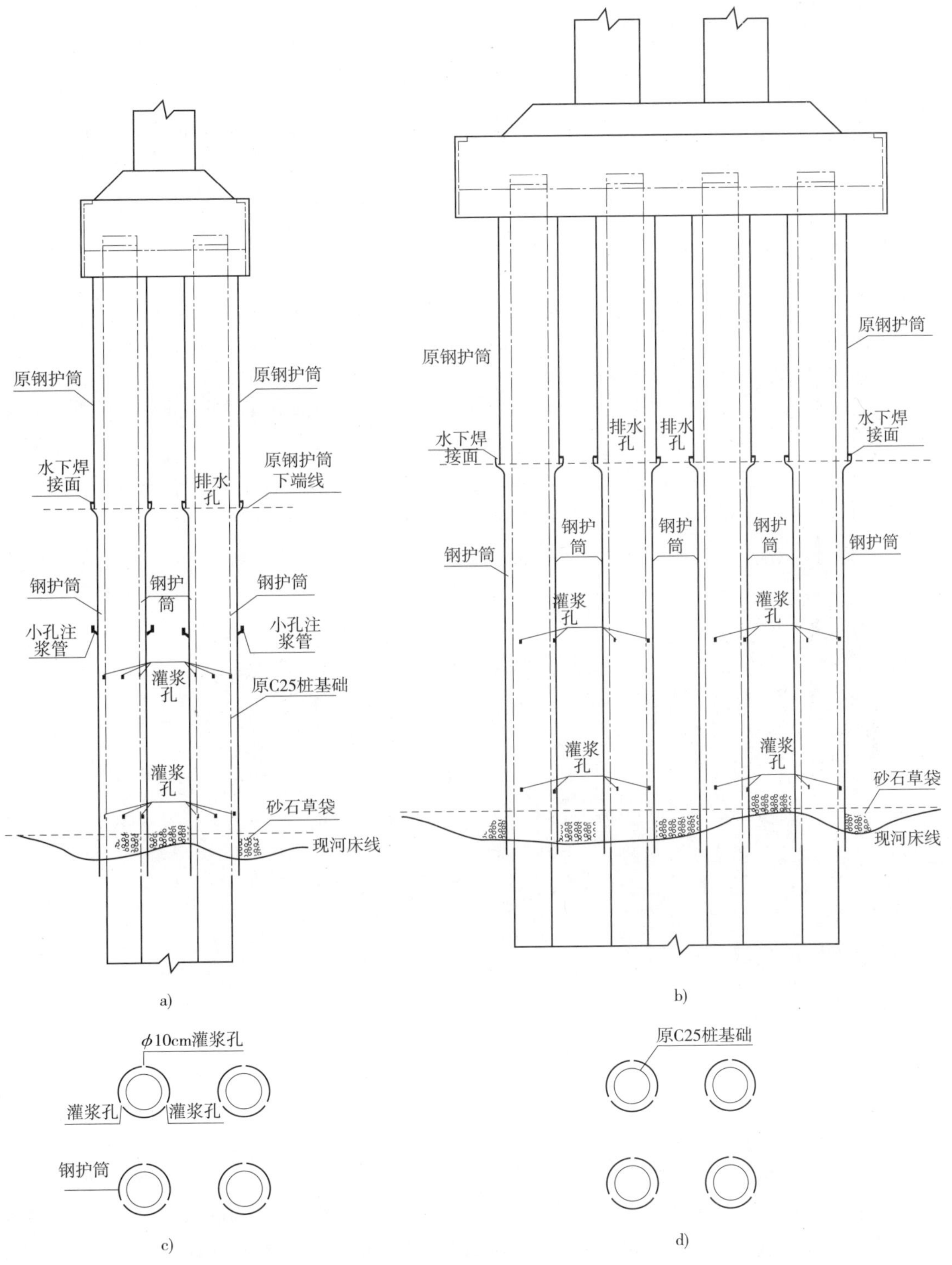

图3.2-7　22号墩加固设计图

a)桩基侧立面；b)桩基立面；c)桩基灌浆孔；d)钢护筒

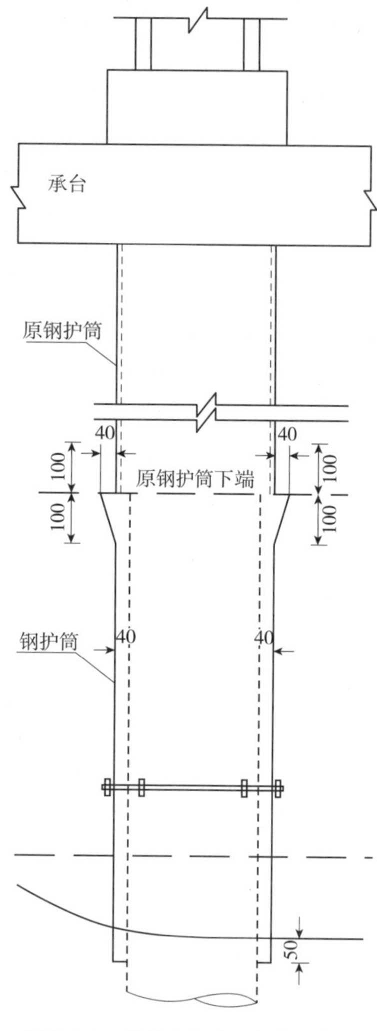

图 3.2-8 桩基病害治理方案示意图（尺寸单位：cm）

(3)将现河床线处桩基周围河床表面松软浮土清理干净，露出河床表面密实原状细砂土。

(4)将加工好的两块半圆形钢板包住桩基，上至原护筒下缘，下至现清理后河床线以下 30～50cm，钢板内侧与桩基表面间距 30cm，并在钢板锚固翼板上每隔 2m 左右用普通螺栓将两块半圆形钢板锚住形成桩基外包钢护筒，在两块半圆形钢板锚固翼板接触处需设置橡胶防水材料。现河床线处外包钢护筒外侧周围需要抛砂包，并定期测量钢护筒周围河床表面高程，确定冲刷是否超过允许值。外包钢护筒在原护筒下缘处以变截面过渡形成原护筒下缘外侧环形钢套筒，其顶部与原护筒水下焊接。

(5)外包钢护筒在现清理后，河床线以上 1.5m 处沿圆周等间距设置 3 个直径 10cm 的灌浆孔，在 3 个灌浆孔内分别插入内径 8cm 的钢导管，插入深度约 1m 左右，钢导管端口与现清理后河床线距离约 40～50cm。钢导管与外包钢护筒接触处采用环形钢板焊牢。钢导管使用前应进行水密承压和接头抗拉试验，并应确保钢导管与外包钢护筒结合处密封不漏浆。

(6)由 3 个灌浆孔从下至上同时浇筑水下 C30 小石子混凝土。环形钢套筒变截面过渡段中间位置等间距设置 3 个直径 8cm 的排水孔，浇筑水下小石子混凝土时桩基外包钢护筒内江水由此排水孔排出。当桩基外包钢护筒内浇筑水下混凝土顶面到达排水孔时，排水孔将有水泥浆排出，此时采用水下电焊将排水孔用圆形钢板焊牢，同时继续浇筑水下混凝土直至浇满为止。

(7)22 号过渡墩原施工留置钢护筒底缘与河床局部冲刷线之间距离为 18m 左右，由于水下混凝土浇筑深度较大，22 号过渡墩外包水下混凝土浇筑施工设置了两排灌浆孔，除距河床局部冲刷线 1.5m 左右沿圆周等间距设置 3 个直径 10cm 的灌浆孔外，在距河床局部冲刷线 9m 左右设置了另外一排灌浆孔。浇筑水下混凝土的顶面超过第二排灌浆孔以上 1m 左右时，将第一排灌浆孔焊牢，启用第二排灌浆孔继续浇筑水下混凝土直至浇满为止。

(8)在外包钢护筒长度范围的中间位置沿圆周等间距预留 3 个内径 2cm 的小孔注浆管，在浇筑的水下混凝土达到 100% 强度后再进行注浆施工，以增大水下混凝土的密实度。浇筑水下 C30 小石子混凝土时，小孔注浆管内采用圆条状橡胶棒临时填充并确保其密封不漏浆，在进行注浆施工时将圆条状橡胶填充棒拔出。圆条状橡胶填充棒应具有一定的抗拉强度以防止抽拔时被拉断。

3）施工要点

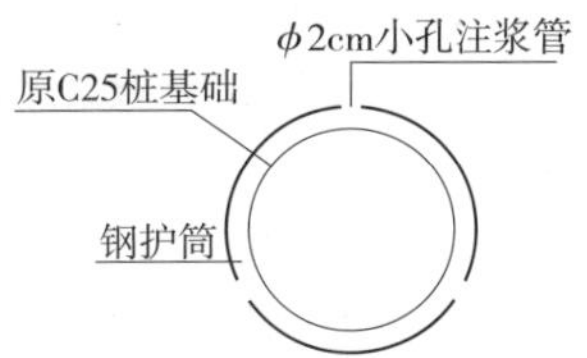

图3.2-9　小孔注浆管均匀布置

（1）施工时钢护筒可分段预制；灌浆孔、排水孔及小孔注浆管需沿圆周等距均匀布置（图3.2-9）；外包钢护筒下沉至现清理后河床线以下30～50cm，不能采用振动法或锤击法下沉，可采用压重并辅以潜水冲坑法进行下沉作业。钢护筒连接处要求筒内无突出物，应耐拉、压，不漏水。

（2）灌注水下混凝土的搅拌机功率，应能满足外包混凝土在规定时间内灌注完毕。灌注时间不得长于首批混凝土的初凝时间。水下混凝土灌注见图3.2-10。

a)

b)

图3.2-10　水下混凝土灌注

（3）水下混凝土的泵送机具宜采用混凝土泵，距离稍远的宜采用混凝土搅拌运输车。采用普通汽车运输时，运输容器应严密坚实，不漏浆、不吸水，便于装卸，混凝土不应离析。

（4）混凝土拌和物运至灌注地点时，应检查其均匀性和坍落度等，如不符合要求，应进行第二次拌和，二次拌和后仍不符合要求时，不得使用。

（5）首批混凝土拌和物下落后，混凝土应连续灌注。在灌注将近结束时，应核对混凝土的灌入数量，以确定混凝土的灌注高度是否正确。

（6）在灌注过程中，应将孔内溢出的水或泥浆引流至适当地点处理，不得随意排放，防止污染环境及河流。

（7）灌注中发生故障时，应查明原因，合理确定处理方案，妥善进行处理。

（8）灌注水下混凝土施工应按有关规定制订安全生产、保护环境等措施，施工过程应有完善的施工记录，并应具备水、水泥、砂、石、钢板等原材料及制品的质量检验报告。

（9）桩基倾斜度宜采用专用仪器测定，以确保钢护筒内侧与桩基础混凝土表面30cm间距均匀无偏斜。

（10）桩身外包30cm厚水下混凝土抗压强度应符合设计规定，每桩试件组数为2～4组，检验要求按照《公路桥涵施工技术规范》（JTG/T F50—2011）有关规定进行。检测方法和数量应符合设计要求。

（11）为了加强新、旧混凝土的结合，应对桩基础混凝土表面存在的缺陷清理至密实部位，并将构件表面凿毛，要求打成麻坑或沟槽，沟槽深度不宜小于6mm，间距不宜大于20cm。

（12）对原有外露受力钢筋应进行除锈处理。

(13)外包混凝土加固法施工必须采取措施保证钢护筒内侧与桩基础混凝土表面间距均匀,以及新浇水下小石子混凝土的浇筑质量,必须达到混凝土的密实要求,防止离析形成夹层及断层。

(14)水下混凝土要求:

①水下混凝土配制可采用火山灰水泥、粉煤灰水泥、普通硅酸盐水泥或硅酸盐水泥,使用矿渣水泥时应采取防离析措施。

②水泥的初凝时间不宜早于2.5h,水泥的强度等级不宜低于C42.5。

③水下混凝土配合比的含砂率宜采用0.4~0.5,水灰比宜采用0.5~0.6。有试验依据时含砂率和水灰比可酌情增大或减少。

④粗集料宜优先选用小卵石,如采用碎石宜适当增加混凝土配合比的含砂率。集料的最大粒径不应大于钢导管内径的1/6~1/8;细集料宜采用级配良好的中砂。

⑤水下混凝土拌和物应具有良好的和易性,在运输和灌注过程中应无显著离析、泌水现象。灌注时应保持足够的流动性,其坍落度宜为180~220cm。

⑥混凝土拌和物中宜掺用外加剂、粉煤灰等材料,其技术条件及掺用量可参照《公路桥涵施工技术规范》(JTG/T F50—2011)有关规定处理。如果掺入絮凝剂等,可与具体厂家联系。

⑦每立方米水下混凝土的水泥用量不宜小于350kg,当掺有适宜数量的减水缓凝剂或粉煤灰时,应不少于300kg。

⑧混凝土拌和物的配合比,可在保证水下混凝土顺利灌注的条件下,按照《公路桥涵施工技术规范》(JTG/T F50—2011)有关混凝土配合比设计方法计算确定。

⑨本桥所在地区有海水倒灌现象,为长期有效保护桩基混凝土不受海水腐蚀,应配制防腐蚀混凝土。

第 4 章　水下桩基冲刷防护加固技术

4.1　冲刷防护加固技术

4.1.1　消能减冲措施

消能是手段,防冲是目的。实现消能扩散的主要途径是利用水与固体、水与气体、水与水体自身之间的碰撞掺混和摩擦剪应力的作用,即通过摩阻、冲击、漩滚、挑流、扩散和掺气等方式把急流或主流尽快转化为扩散均匀的缓流,同时把过剩的动能转换为热能而消失。国内外工程界应用消能减冲原理于水坝下游消能等工程中均取得了很大的成功。而在桥墩冲刷防护方面,国内很少应用,国外也处于探索阶段,迄今为止进行了以下几种措施的探索。

(1)基础沉箱:研究表明,最佳方案是在墩下设置 3 倍墩柱直径的沉箱,沉箱顶部高程为天然河床下一般墩柱的直径。采用基础沉箱后冲刷量将减少到只有单独墩柱时的 1/3。

(2)上游减冲桩群:研究在墩柱自身上游设置小桩群,主要目的是破坏进入的水流,从而减弱产生冲刷的漩涡。减冲功效影响因素有:桩数 n,桩径 d,张角 a,桩群与桥墩距离 L 等。研究表明冲刷深度可减少 50%。

(3)桥墩开槽减冲:墩柱开槽减冲包括上开槽和下开槽两种,开槽结构减冲效果为 20% ~30%。

(4)水下潜岛防护:是把基础沉箱筑在河床之上形成水下潜岛,使水流结构由三维改变成二维,使桥墩原有的垂向漩涡减少或消失。研究表明减少冲刷量可达 30% ~50%。该方案虽有减冲防护作用,但如果潜岛工程顶部高程太高,体积过大,对河势会有一定影响,需要进行周密论证。

4.1.2　抛石护底抗冲措施

在块石层下需先铺设倒滤层防止块石沉入软基中,但在深水条件下倒滤层和块石层很难精确定位铺设,铺设块石防护方法的施工工作量较大,使用过程中的维护费用高,整体性较差,特别是当河床面有较大冲刷形态出现时,块石会被埋置到冲刷坑范围内,导致抛石层彻底失去防护作用。抛石防护耗费石料量极大,经济实用性差,特别是当施工现场附近缺少足够多的石料供应时其缺点尤为明显(图 4.1-1)。

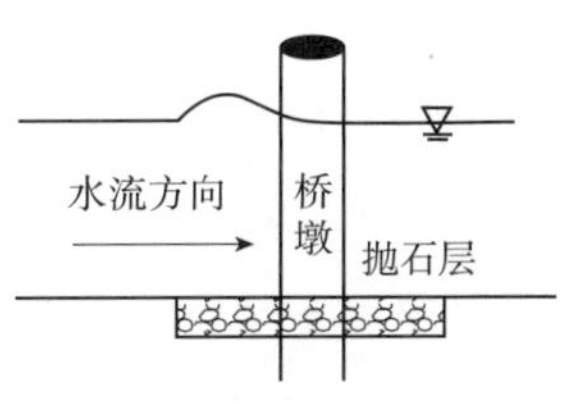

图 4.1-1　抛石防护

4.2 实例分析

4.2.1 工程冲刷概况

某航道上共有三座大桥:G325 K4 +325 大桥、高速公路 K4 +325 大桥及扩建 K4 +325 大桥,由于其结构布置的不同,桥墩编号不一致,三座大桥桥墩位置的对应关系见表 4.2-1。在后续的加固设计中对各桥墩进行了统一编号,桥墩位置编号以 G325 K4 +325 大桥桥墩编号为基准。

某航道三座大桥桥墩编号关系表　　表 4.2-1

统一编号＼桥名	G325 K4 +325 大桥	扩建 K4 +325 大桥	高速公路 K4 +325 大桥	备　注
16 号	16 号	18 号	19 号	辅助墩
17 号	17 号	19 号	20 号	
18 号	18 号	20 号	21 号	
19 号	19 号	—	—	
20 号	20 号	21 号	22 号	
21 号	21 号	22 号	23 号	主墩
22 号	22 号	23 号	24 号	
24 号	24 号	24 号	25 号	
—	—	25 号	26 号	
26 号	26 号	26 号	27 号	
27 号	27 号	27 号	28 号	辅助墩
28 号	28 号	28 号	29 号	
29 号	29 号	29 号	30 号	
30 号	30 号	30 号	31 号	
31 号	31 号	31 号	32 号	
32 号	32 号	32 号	33 号	
33 号	33 号	33 号	34 号	
34 号	34 号	34 号	35 号	
35 号	35 号	35 号	36 号	

该航道河宽 1 470m 左右,自 20 世纪 80 年代中期开始,由于无序、超量的人为采砂,使三角洲水道河床普遍下切,河床形态向窄深方面发展,桥位附近断面大幅刷深,其幅度在 10m 左右。加上佛开高速公路九江大桥和扩建工程的实施,使主河床的桥墩基础明显扩大,同时导致桥区的河床局部明显加深。

G325 K4 +325 大桥建桥以来各桥墩位置的河床高程变化(18 ~20 号桥墩的原设计时河床高程、目前河床高程和桥址处岩面高程),详见表 4.2-2 。从表中可知 18 号、19 号、20 号桥墩河床已经下切达到 10m 左右。

对扩建工程前后的局部冲刷及最大冲刷线的计算分析如图 4.2-1 和图 4.2-2 所示。数据表明必须尽快采取措施对大桥主桥墩进行防护。

G325 K4+325 大桥桥墩河床高程表　　表4.2-2

桥墩编号	18号	19号	20号
原设计时河床高程(m)	-2.8	-3.8	-4.8
目前河床高程(m)	-12.02	-15.05	-11.2
岩面高程(m)	-62.8	-50.47	-60.53

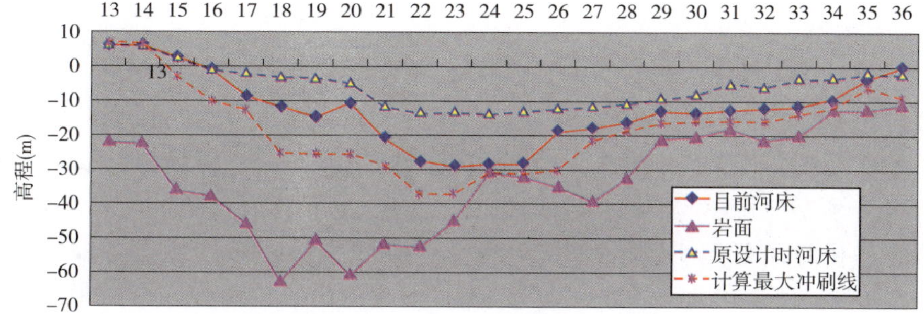

图4.2-1　G325 K4+325 大桥河床变化示意图

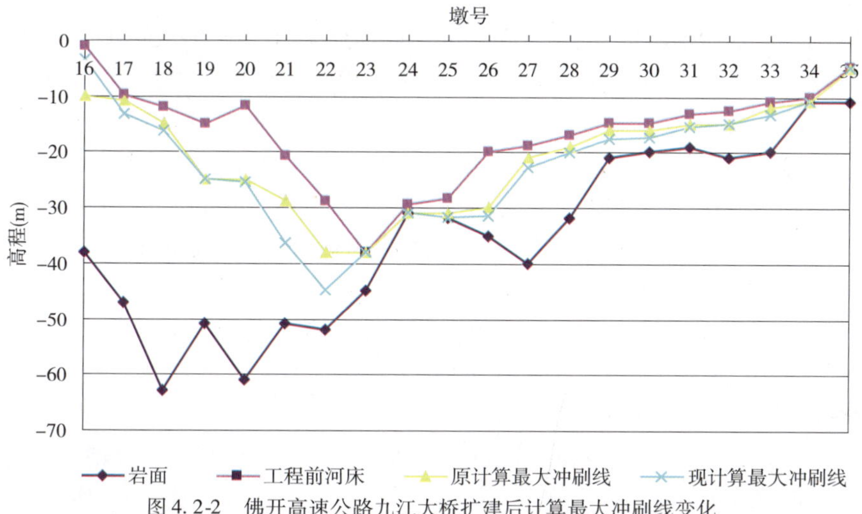

图4.2-2　佛开高速公路九江大桥扩建后计算最大冲刷线变化

4.2.2　冲刷防护设计

1)设计原则

主塔墩基础冲刷防护工程的功能是在设计的水动力条件下为桥墩桩基与原状土共同作用提供保障。本工程具有抢险性质，为了施工迅速，缩短工期，凸显抢险特点，工程设计主要遵循以下原则：

(1)冲刷防护结构安全可靠，耐久性强。

(2)冲刷防护效果满足使用功能和设计标准。

(3)在满足冲刷防护结构可靠和防护效果的前提下，合理确定防护范围、平面布置和防护结构，确保经济合理。

(4)设计方案简洁明了，施工环节少。

(5)就地取材,备料容易。

(6)冲刷防护设计应考虑施工中不可避免的不均匀性对防护效果的影响。

(7)兼顾施工工艺和施工力量,选用常用施工工艺,船机、设备调集方便。

(8)注意施工安全。

(9)动态设计:鉴于主墩处自然条件的复杂性和施工过程的不断变化,根据冲刷防护监测结果,合理地调整设计。

2)设计方案

本阶段工程冲刷防护范围为:20 号、21 号桥墩采用三座桥全防护形式;高速公路 K4 + 325 大桥及扩建 K4 +325 大桥均未在 19 号桥墩轴线上布置桥墩,因此,19 号桥墩防护属于单桥防护;18 号桥墩采用半防护的形式,即主要针对 G325 K4 +325 大桥的 18 号桥墩进行防护。防护范围不小于所对应桥墩的群桩基础周边 20m 区域。各桥墩具体防护范围分述如下。

(1)根据各桥跨径布置,18 号、19 号、20 号桥墩间距均为 50m。由于各桥墩的防护体边距较小,连片布置将不会增加太多的工程量,而且可避免由于桥墩中间区域未进行防护而引起的二次副流冲刷,因此将 18 号、19 号、20 号三个桥墩的防护体连片布置,平面形态呈“L”形,如图 4. 2-3 所示。

其中,18 号、19 号桥墩的防护体顶面高程相同,均为 -4. 0m,形成矩形防护体顶面平台。顶面平台主尺度:沿桥轴线方向 45m,沿河流方向 80. 2m。

(2)20 号桥墩采用三桥全防护形式,防护平面基本呈矩形布置,沿河流方向防护总长度为 113m,桥轴线方向防护宽度为 55. 5m。根据河床地势高低分为两级平台,高一级平台位于上游侧,顶面高程 -6. 0m,平台主尺度:沿桥轴线方向 55. 5m,沿河流方向 20m;低一级平台位于下游侧,顶面高程 -10. 0m,平台主尺度:沿桥轴线方向 43. 5m,沿河流方向 69m;两级平台间采用 1:6 的斜坡式防护体过渡。

(3)18 号、19 号桥墩的防护体与 20 号桥墩的防护体通过级差间 1:3 的放坡连接成片,形成“L”形平面形态。防护体边坡按主迎水面 1:3、坡面 1:2 进行控制。整个区域防护总面积为 17 383m^2。

(4)21 号桥墩采用三桥全防护形式,河流方向防护长度为 124m,桥轴线方向防护宽度为 65m,防护总面积为 12 428m^2。上游 40m 范围防护平台顶高程为 -19. 0m,向下游以 1:6 的坡度过渡,至北侧半平台顶高程为 -23. 0m,至南侧半平台顶高程为 -27. 0m,下游的南北半平台间以 1:2 的坡过渡。

工程合计总防护面积约 2. 98 万 m^2。

(5)桥墩局部冲刷防护采用“袋装砂层 + 级配石层 + 护面块石层”三层防护结构。即首先采用底层抛投袋装砂进行预防护,然后在其上抛投散装级配石料,最上层抛投块石。防护结构层总沉降量按 30cm 考虑,冲陷量按 10cm 考虑。

(6)整个防护范围在最上层覆盖厚度为 1. 5m 的护面块石,采用的护面块石规格为 30 ~ 80kg,且要求 50 ~ 80kg 块石不少于 60% ,表层尽量选用较大粒径的块石护面。

(7)在护面块石下方整个防护范围内覆盖一层厚度为 1m 的级配碎石,级配碎石规格为 50 ~ 150mm,混合级配碎石的倒滤作用可防止河床泥沙及袋装砂年久老化后,其中粗砂被河水淘走流失。

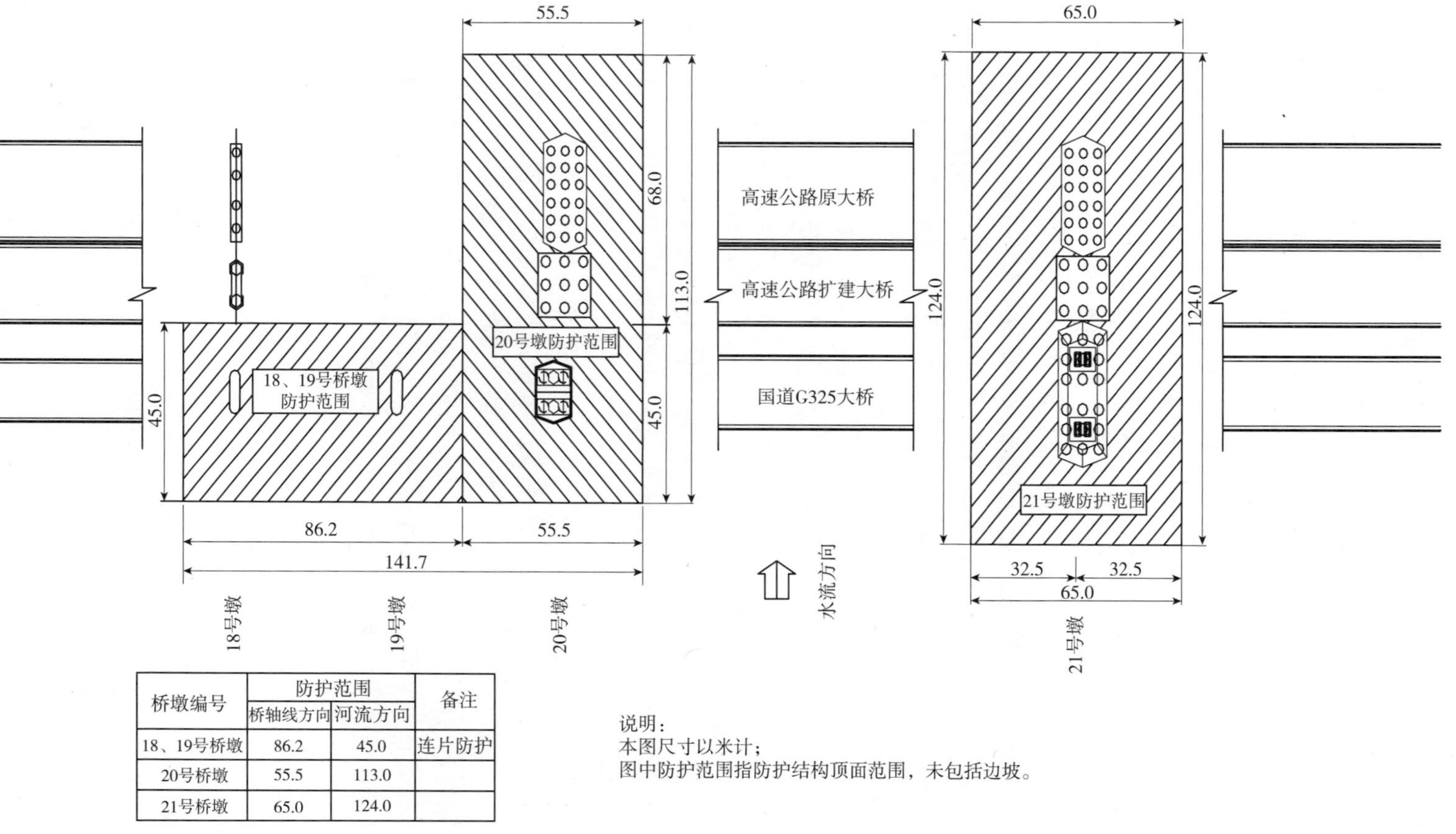

桥墩编号	防护范围		备注
	桥轴线方向	河流方向	
18、19号桥墩	86.2	45.0	连片防护
20号桥墩	55.5	113.0	
21号桥墩	65.0	124.0	

说明：
本图尺寸以米计；
图中防护范围指防护结构顶面范围，未包括边坡。

图4.2-3 冲刷防护工程平面布置(尺寸单位:m)

(8)本防护结构的最下层在桥墩被冲刷严重的深坑处填充袋装砂,为上覆结构层抛填形成较平缓工作面,同时也形成上部防护结构与河床间的柔性过渡层。各个桥墩根据冲刷程度的轻重,袋装砂工程量略有不同。

4.2.3 冲刷防护施工及监测方案

1)施工方案设计

(1)本工程防护结构外边线采用与桥墩中心线相对距离及坐标点双重控制。施工平面控制时,在有条件的区域和时段尽量使用定位船准确定位,定位工作应采用 GPS 测定,定位船无法抛锚定位时可用抛投船舶自带动力系统定位。船只定位的稳定性受过往船只浪击、水位、水流流向/流速、风浪等因素影响较大,需要经常复核船只定位情况,及时调整。

(2)在施工抛投控制上,采用分片法。对整个防护区域进行整体划分,抛投时以区为单位进行抛投。护面块石工序和级配碎石工序可据此形成合理的流水作业安排。施工中认真做好记录,有序抛投,防止漏抛,工序转换时进行分区验收。

(3)为保证施工区域航道正常通航,施工单位应根据桥区通航孔的设置、船舶通过桥区的习惯航法等情况(可向航道管理和海事部门咨询)制订分期、分区施工计划,并应征得航道管理和海事部门的同意。

(4)由于在抛投过程中水流会对抛投落点产生影响,因此有必要进行抛投试验,确定施工水域袋装砂、级配碎石、块石等防护材料漂距与水深、水流速、抛投量之间的关系。抛投定位时应及时测得抛投流速、流向和欲抛投区域水深,通过试验测得的参数确定水面抛投点。可采用常规流速仪测量水流流速、流向。

(5)袋装砂抛投可采用河砂或海砂,砂的粒径 >0.07mm。土工编织袋必须是内层为毛毡、外层为丙纶的复合编织土工布,编织袋规格一般为 0.2m × 0.4m × 0.6m,施工时可根据实际情况进行适当调整[图 4.2-4a)]。

(6)砂料采集方法可采用沉积法,用采砂船把砂吸入运砂船中,粗砂沉积下来后由砂船装运至施工现场。砂袋的充填通过冲砂完成。充灌时可考虑用高压水枪和泥浆泵,冲砂成砂浆状后充灌到袋内,边充灌边拉伸袋子,边挤压排水过滤,当砂浆充砂袖口溢出浓砂时,扎紧袖口,砂袋充灌完成。应掌握好充砂相对密度,含水率不能高,否则自重达不到最小稳定重量,容易跑袋,同时袋体液不能充太满,应按 75% ±5% 控制充填率。要防止在抛投、移位过程中损坏砂袋,一旦损坏要更换。砂袋抛填后经过检测方可进行下一步骤施工。

(7)级配碎石采用混合级配,石料粒径为 50 ~ 150mm,其中 50 ~ 100 mm 的石料占 50%,100 ~ 150 mm 的石料占 50%;断面误差不得大于设计要求;坡面坡度误差不得大于设计坡度。级配碎石抛投后应立即进行护面块石的抛投,防止级配碎石被河水冲走[图 4.2-4b)]。

(8)护面块石采用 30 ~ 80kg 块石。其中块石要求在水中浸透后的强度不低于 50MPa;无严重风化和裂纹,不使用片状石。施工要求断面误差不得大于设计要求,坡面坡度误差不得大于设计坡度;水上抛填应根据水深、水流等自然条件对块石产生的漂流影响,通过试抛确定抛石船的驻位,先粗抛,再细抛[图 4.2-4c)]。

2)施工组织管理

首先进行防护袋装砂的施工,质量检验合格后进行级配碎石的抛投,最后抛投护面块石。所有抛投必须经过抛投试验，准确定位。施工顺序详见施工流程图4.2-5。

a)

b)

c)

图4.2-4　冲刷防护工程施工过程

a)袋装砂施工；b)级配碎石施工；c)护面块石施工

施工中应选择较大吨位的定位船舶，为深水高流速水域下防护抛投定位提供保障。施工要求较紧时，要保证足够数量的船舶、机械投入，以满足多点作业的需要。

为保障工程施工过程中本河段航行安全和工程安全，应采取必要的安全管理措施。在施工准备阶段，委托方及施工单位应与主管海事局建立有效的联系机制，如向当地海事机构呈报施工方案和相关的安全保障措施、申请办理施工作业许可证、设置临时助航标志，帮助船舶安全通过施工区域等。

由于防护工程施工期间来往船舶较多，干扰大，因此要加强组织协调，能形成作业点的尽量施工，不能满足的尽量创造条件，采取实时的统筹安排和现场调度。施工工程船舶必须具有有效证书，并处于适航状态；船员应持有相应的船员适任证书。施工船舶在作业中应严

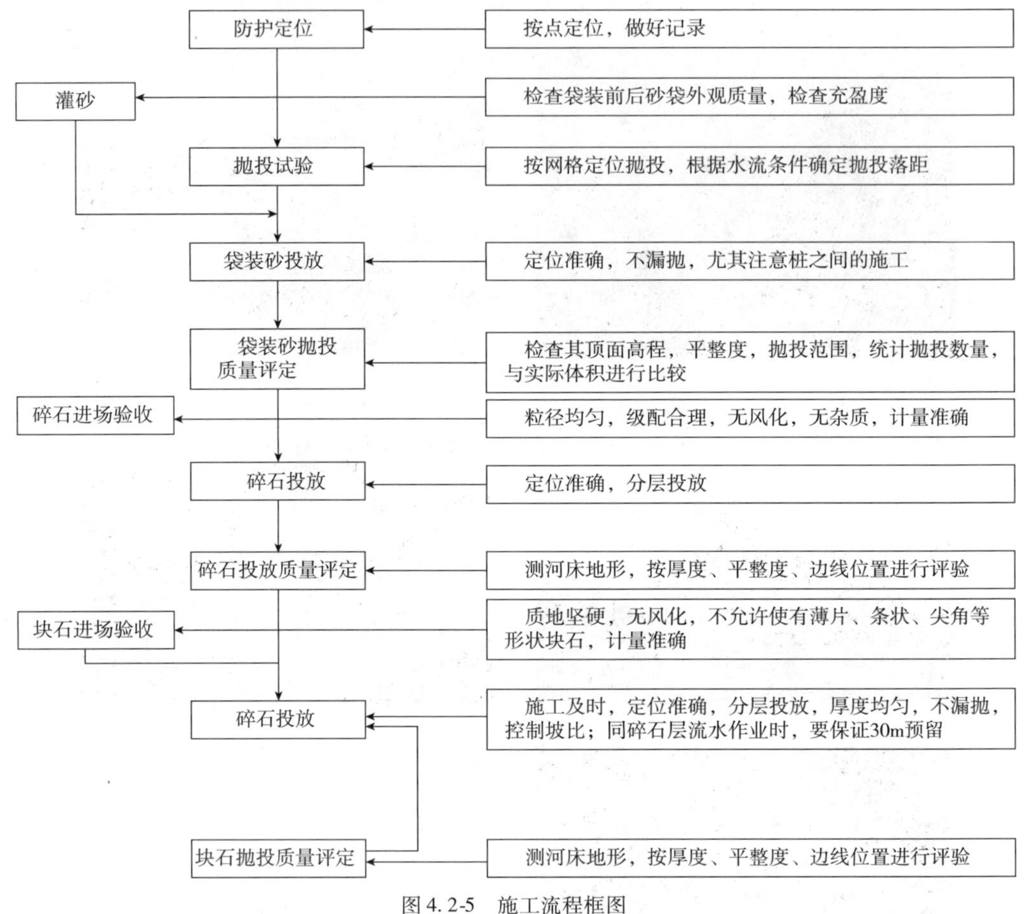

图 4.2-5　施工流程框图

格遵守操作规程和海事部门的相关规定，确保工程作业和过往船舶的安全。

施工监测包括日常性检测、控制检测和工程后跟踪检测。日常性检测为施工抛投服务，在施工期对验收分区每日进行一次河床检测，及时分析袋装砂、级配碎石、块石的成型，将实时成型作为工程验收的重要依据。控制检测每半月一次，重点在每月大潮后对整个防护区域进行检测，范围为防护体及外侧200m区域，对防护体的稳定性、河床冲淤情况进行整体观测。跟踪检测为工程实施完成后继续定期进行的检测，为工程效果评价和总结工程经验提供依据。

由于国内尚无针对冲刷防护的正式的施工规范、规程和质量检验评定标准，本次方案设计建议参照交通运输部《水运工程质量检验标准》(JTS 257—2008)的相关条文规定执行。

3）冲刷防护施工监测

为使九江大桥冲刷防护工程施工顺利进行，确保冲刷防护工程的质量，根据九江大桥自身特点，要特别做好施工期监测工作，合理调整控制各工序的施工顺序和速率，并根据出现的冲刷情况采取及时的补救、维护措施，以利工程的顺利实施。

（1）冲刷防护监测内容和过程：通过防护工程实时监测，及时掌握工程的动态变化，监测水下施工质量，解决施工中的关键技术问题，指导防护工程实施；通过防护工程的跟踪观测数据为设计和施工方案的优化提供依据;提出相应验收标准的建议,为工程顺利实施保驾护航;积极跟踪相关的试验,为方案动态设计提出参考建议和意见。

冲刷防护施工监测的主要内容包括:

①确定水下抛投防护材料的漂距。

②确定在易冲底床上水下抛投防护材料成型情况和成型率。

③确定在易冲底床上水下抛投防护材料的厚度。

④确定冲刷防护工程周边地形变化和防护功效。

⑤针对冲刷防护的特殊性,结合监测工作,提出适合九江大桥防护工程相关的验收标准和建议。

冲刷防护监测工作流程如图 4.2-6 所示。

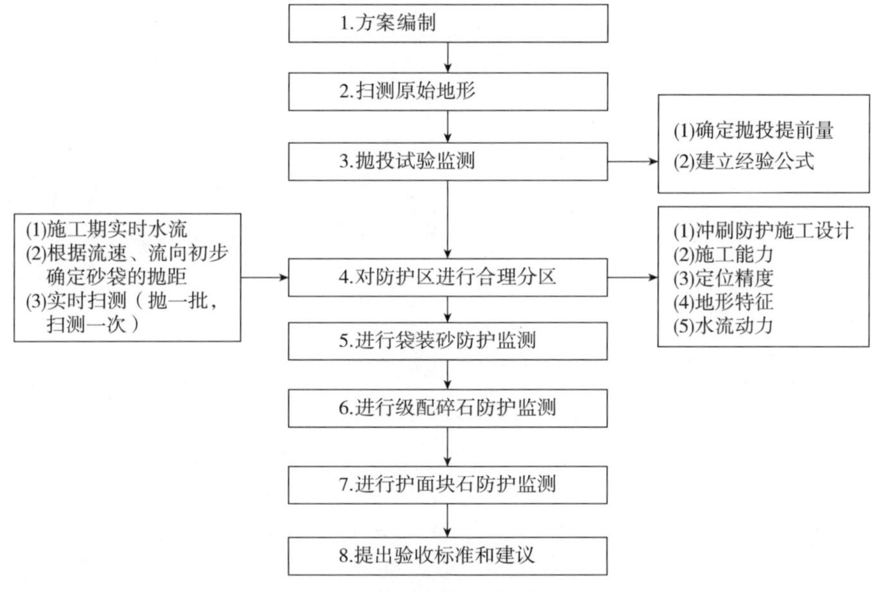

图 4.2-6　冲刷防护监测工作流程图

(2)抛填区定点 ADCP(Acoustic Doppler Current Profiles,声学多普勒流速剖面仪)水文测验:为了指导施工,实时确定漂距公式中的 K 值,精确确定砂袋、碎石袋、块石抛投时的漂距,须开展抛填区定点 ADCP 水文测验。水下抛填物抛投准确是工程施工的重点,抛填物在水下的漂距与流速有关,在主墩抛投施工时,测量船在施工区的上游 100m 处利用 ADCP 流速剖面仪测量流速、流向,测量抛区水深,观测实时水位,根据施工单位需要,实时报送流速、流向参数,施工单位根据流速、水深等计算漂距。做到抛准、抛足。

ADCP 是目前世界上最先进的水文测流系统,具有测验迅速、测验成本低、资料完整等特点。其工作原理是利用声学多普勒效应进行流速测量,采用声波换能器作传感器,将探头置于水面下一定深度处,即可测得垂线剖面的流速分布。ADCP 在进行流速、流向测验的同时,采用 DGPS 系统定位和罗经进行航迹校正和船艏校正,其测验具有不扰动流场、测验历时短、测速范围大、测验呈线性等优点。

(3)抛投试验监测:根据九江大桥施工组织设计和施工工艺的安排,施工单位必须进行抛投试验。抛投试验的目的是通过测定抛投试验抛投期水流、水深和砂袋形体等特定参数，运用半经验半理论公式推求适用于本工程条件的落距系数，即完成抛距公式中落距系数 K 的核定，在以后的预防护工程中可以推求出合理的抛投距离，以指导施工。砂袋抛距公式为：

$$L=\frac{K\cdot V\cdot H}{[(S-1)\cdot g\cdot D]^{1/2}}$$

式中：L——砂袋抛距(m)；

V——抛投时抛投区的垂线平均流速(m/s)；

H——抛投时抛投区的平均水深(m)；

S——砂袋重度(kN/m^3)；

D——砂袋直径或厚度(m)；

K——落距系数。

抛投试验的测试内容包括抛投区施工前地形扫测、抛投时水位、ADCP 测验、确定流速和水深、抛投工作船的精确定位、试抛投后的地形扫测。抛投试验成果包括测定设计砂袋的抛投距离，建立水深、流速与抛距的关系等。

(4)防护工程实施过程中成型情况监测：为准确检验砂袋体、级配碎石和护面块石的抛投状况，确保工程施工质量，除施工单位施工过程中进行必要的水下抛投适时检查测量外，还应以 DGPS RTK 定位的多波束测深系统进行面状成型监测，并适时地向有关方面提供实测数据。

观测内容包括：施工前局部地形扫测；施工过程中适时扫测，用测量结果指导施工和成型验收；核心区由于桥墩群桩的存在，桩内无法采用多波束进行观测，应采用多波束扫测边域内。单波束移动观测法进行群桩内补测；护坦防护区是核心防护区的外围屏障，是防护工程整体性的重要组成部分，其监测方法同核心区外围的监测。

本次主要监测范围为冲刷防护区内，同时考虑到冲刷防护工程实施后防护工程周边的地形变化特点，最终测量范围为冲刷防护工程范围及外侧 20m 区域。测量平面定位采用 Leica SR530 型瞬时 RTK 双频接收机，标称精度：$10\text{mm}\pm1\times10^{-6}\text{mm}$；扫测仪器采用 SeaBat 1185型多波束测深系统。

(5)多波束地形监测细则：在大桥附近布设临时潮位站各 1 个，采用压力式自记水位仪观测。验潮站的校核点按四等水准接测，水尺零点高程用五等水准接测。如利用以前校核点必须经过校核证实没有变动后方可使用。

主测线平行于等深线总方向，测线间距取有效扫宽的 1/2，在保证全覆盖的前提下，测线部分地段超宽不需补线。在多波束测深探头 2～3m 处需加载回深仪测深系统，回深仪探头必须安置在多波束测深探头同侧，以便随时进行检测，定位系统 GPS 天线安装在回深仪探头杆顶部；使用实时动态差分 GPS，定位数据更新率 0.2s/次；作业时天气应优于风力 4 级左右，浪高 1m，当姿态传感器(波浪补偿器)测出的横摇或纵倾超过 8°时，必须停止作业；多波束测深必须进行声速改正。可使用温度计量测水温，查表或通过经验公式计算获取声速。温度计应放在水面 1m 以下，并保持 10min 以上；在线测量时，宜使用小舵角修正航向，尽量避免急转弯。上线正式记录数据前应有不少于 1min 的稳定时间；外业测量结束后应再次核对多波束系统的关键参数设置，及时将外业原始数据转换至内业数据处理软件包能使用的数据格式。

(6)单波束地形监测：考虑到仪器的性能和实际情况，测深仪安装在小机动船上。仪器连接调试好以后，输入转换参数，对比 GPS 手簿和测深仪计算机输出的 GPS 坐标是否一致。

测深仪是线性测量，而多波束是全覆盖测量，为了两者更好的拼接，对测深仪的测线尽量加密。测量时，测量人员应认真做好测量时间、测区状况、测深仪工作状况、测深记录文件名、波浪状况等原始记录。为保证测深仪的测量精度，测量时应尽量避开风大浪高时作业。在测深过程中，对测深仪的测量情况应保持实时检查，发现测深仪工作异常立即停测检查，排除故障，保证水深数据的准确性。

(7)监测成果数据处理技术：冲刷防护工程实施后，通过现场实测得到的地形数据，利用 GIS 技术，建立起冲刷防护区内数字高程模型。数字地面模型（DTM，Digital Terrain Model）是利用一个任意坐标场中大量选择的已知 X、Y、Z 的坐标点对连续地面的一个简单的统计表示，是对某一种或多种地面特性空间分布的数字描述。将高程作为地面特性来表示的数字地面模型就成为数字高程模型（DEM，Digital Elevation Model）。本文首先通过多次实测地形的等高线和高程点建立不规则的三角网（TIN，Triangulated Irregular Network），然后在 TIN 的基础上通过线性和双线性内插建立网格 DEM。

根据建立的 DEM 模型，利用 GIS 技术可以精确而直观地反映出防护材料成型位置与抛投位置的关系，计算出防护材料抛投提前量公式中相应的参数，从而推求出适合的防护材料抛投提前量计算公式；同时，可以计算出冲刷防护材料的成型工程量，与实际抛投工程量进行对比，从而判断出实际抛投成型率；对不同时期的防护区水下地形进行叠合分析，得到不同时段的冲淤对比图，进而了解防护区内的地形变化特点，指导施工；还可以进行剖面分析，得到不同部位不同时间的断面信息，判断冲刷防护工程的稳定性。这些为冲刷防护工程的监测分析和后期维护提供科学依据。

4.2.4 前期准备及抛投试验

1）施工前的地形扫测

根据冲刷防护工程的特点，为了以后确定成型工程量和防护成型效果，施工前防护区内的地形测量是必要的。在施工前首先对 18 号、19 号、20 号和 21 号墩冲刷防护区进行多波束地形扫测（图 4.2-7）；量测得到的施工前各墩周边地形如图 4.2-8 所示，各墩周边的水深立体图如图 4.2-9 所示。

a)

b)

图 4.2-7 施工前各桥墩周边多波束监测

a）执行检测船只；b）检测桥位处

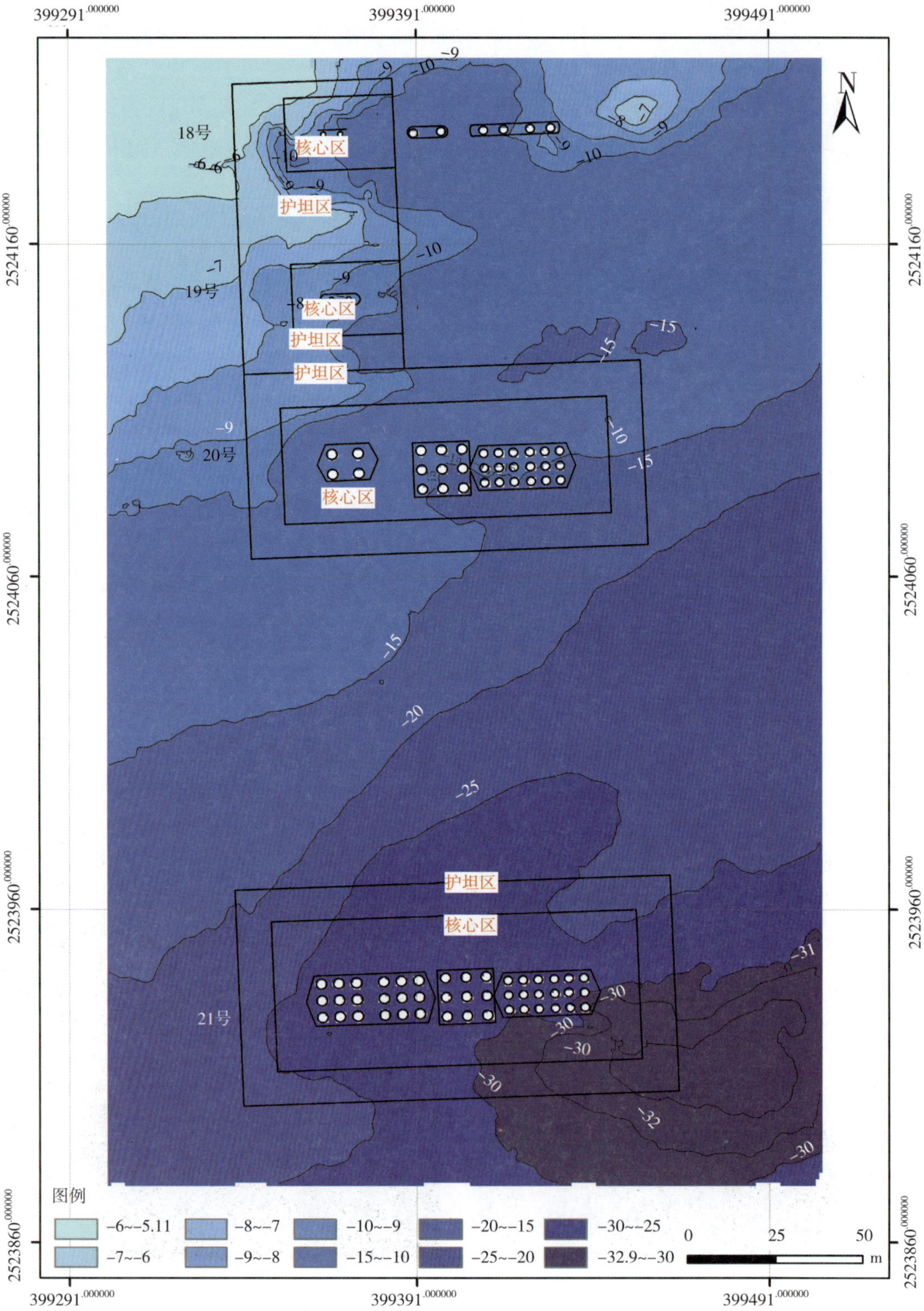

399291.000000 399391.000000 399491.000000

2524160.000000

2524060.000000

2523960.000000

2523860.000000

N

18号

核心区

护坦区

19号

核心区

护坦区

护坦区

20号

核心区

护坦区

核心区

21号

图例

−6~−5.11 −8~−7 −10~−9 −20~−15 −30~−25

−7~−6 −9~−8 −15~−10 −25~−20 −32.9~−30

0 25 50 m

图 4.2-8 施工前各墩周边地形图

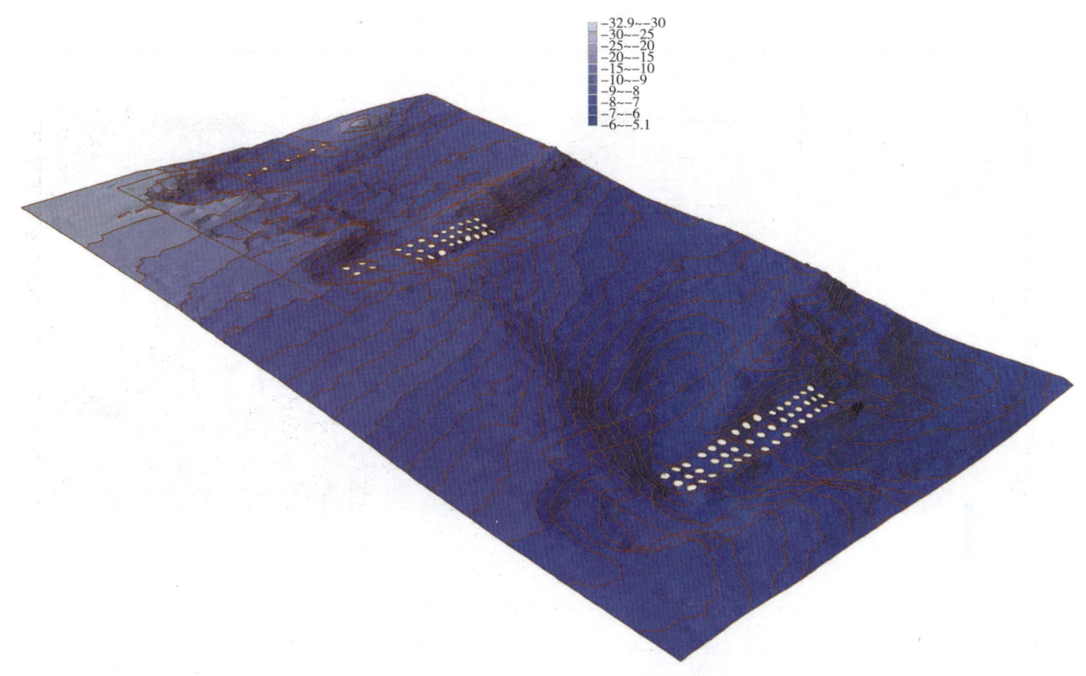

图 4.2-9 施工前各墩周边水深立体图

2)防护区底质取样

为了摸清各桥墩防护区内的底质情况,在施工前对各防护桥墩周边底质进行了取样,如图 4.2-10 所示;取到的样品如图 4.2-11 所示。对样品初步分析表明,20 号、21 号墩之间主航道处主要以细粉砂为主,20 号墩以北淤泥占主要部分。

a)

b)

图 4.2-10 底质取样过程

淤泥和底质取样进一步观测表明,淤泥厚度沿桥轴线分布是不均匀的,越靠近北侧边滩淤泥厚度越大。袋装砂抛投试验表明,袋装砂抛投在涨潮期间,成型在抛投点附近,虽有一定的成型，但由于淤泥层较厚，且抛投量较小，施工不规范，因此，在测量区域内成型率较低，为20% ~30%。

a)

b)

图4.2-11 样品示意图

3）桥轴线断面双频扫测

为了确定桥轴线附近河床的表层厚度，对桥轴线断面进行了双频扫测，结果表明，各主墩周边均有一定厚度的淤泥层，厚度沿桥轴线分布是不均匀的，越靠近北侧边滩厚度越大。

双频扫测观测和底质取样结果表明，工程区域存在0.5 ~1.0m 的淤泥层，因此，设计中采用袋装砂作为工作面是正确的。

4）抛投试验监测

抛投试验18号、19号和20号墩附近用开驳船进行了袋装砂、护面块石和级配碎石的抛投，抛投前开驳船对投抛位置进行了GPS定位，块石抛投船开驳尺寸4.6m ×24m，级配碎石抛投船开驳尺寸4.5m ×16m，每次泥驳开驳投放时间2min，抛投试验的组次和抛投量见表4.2-3。袋装砂抛投试验抛投主要由人工装砂进行抛投，抛投详细情况见表4.2-3。抛投试验过程如图4.2-12所示。

抛投试验记录表 表4.2-3

抛投日期	抛投时间	船 号	抛投类型	抛投方量(m^3)
11月7日	16:40	1号	护面块石	243
	17:45	2号	级配碎石	200
11月10日	16:20	—	袋装砂	30

抛投试验前，在上游侧200m左右设置了临时水尺，以观测抛投试验时桥区的水位情况。抛投试验过程中，对开驳船进行了GPS定位；同时，在开驳船上游附近进行ADCP测量，确定抛投时的流速和流向。测验结果见表4.2-4、表4.2-5；同时下游4km处水文站11月7日~10日水位过程线如图4.2-13所示。

a)

b)

c)

d)

图 4.2-12　抛投试验

a）GPS 定位；b）袋装砂抛投；c）护面块石抛投试验；d）级配碎石抛投试验

11 月 7 日 ADCP 测验成果　　表 4.2-4

测验位置	时间	水位（m）	流速（m/s）	流向（°）
1 号船上游侧	16:40	0.08	0.05	54
2 号船上游侧	17:45	0.03	0.08	56

注：抛投时刻处于憩流状态，流速较小，流向紊乱。

11 月 10 日 ADCP 测验成果　　表 4.2-5

测验位置	时间	水位（m）	流速（m/s）	流向（°）
抛砂船上游侧	16:40	-0.23	-0.16	109

11 月 7 日下午试抛结束后，监测项目组于 11 月 8 日清晨对抛投区进行了多波束地形测量。根据试抛前后的地形资料建立试抛区的数字高程模型（DEM），在此基础上，进行抛投

前后的对比分析，结果如图 4.2-14 、图 4.2-15 所示。护面块石抛投后，开驳船下面有一定的淤积，经计算淤积量为 120m³；级配碎石抛投后，经计算，抛投成型量为 132m³；袋装砂抛投前后对比情况如图 4.2-16 所示，经计算抛投后成型量较小为 3.5m³。

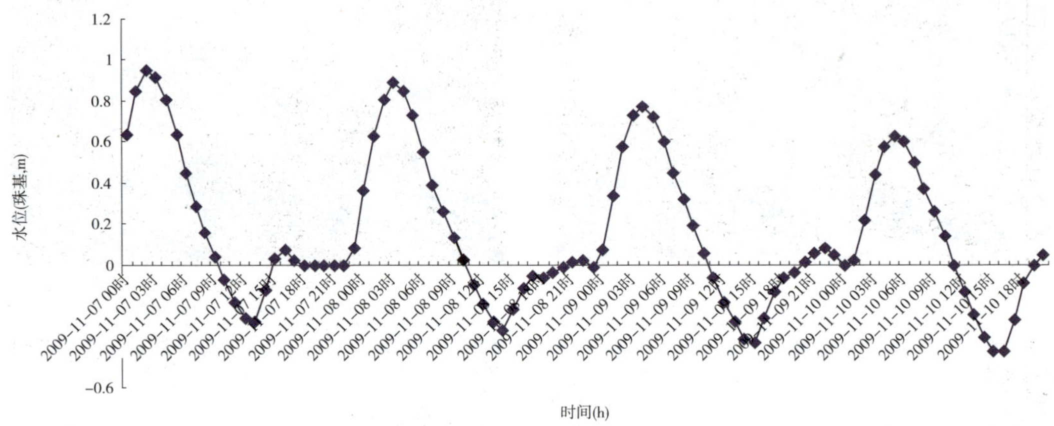

图 4.2-13　水位站 11 月 7 日 ~11 月 10 水位过程线

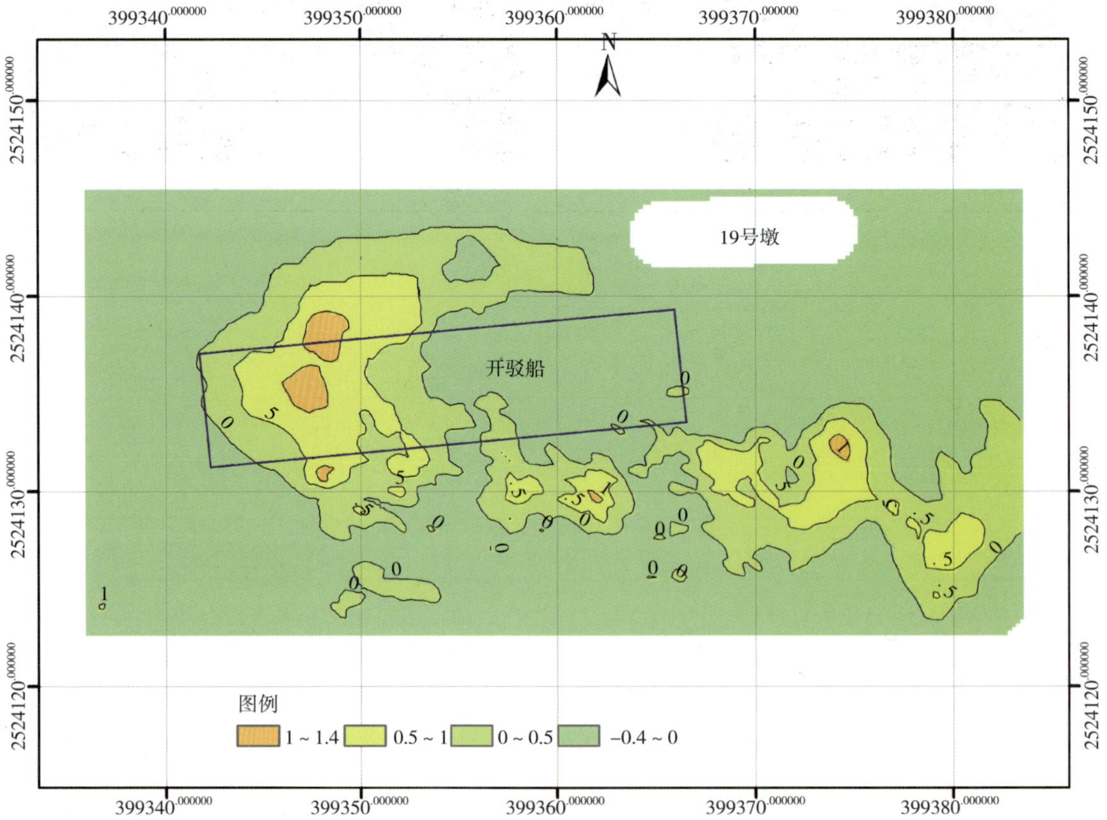

图 4.2-14　护面块石试抛前后冲淤对比图

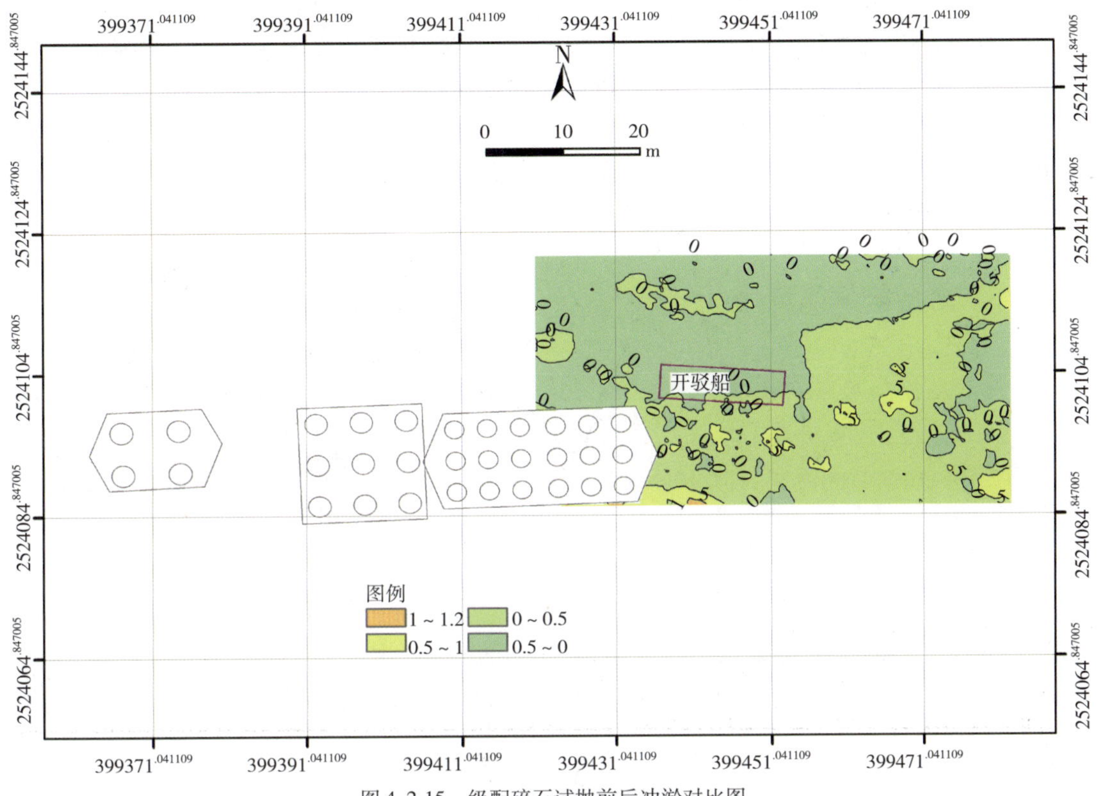

图 4. 2-15　级配碎石试抛前后冲淤对比图

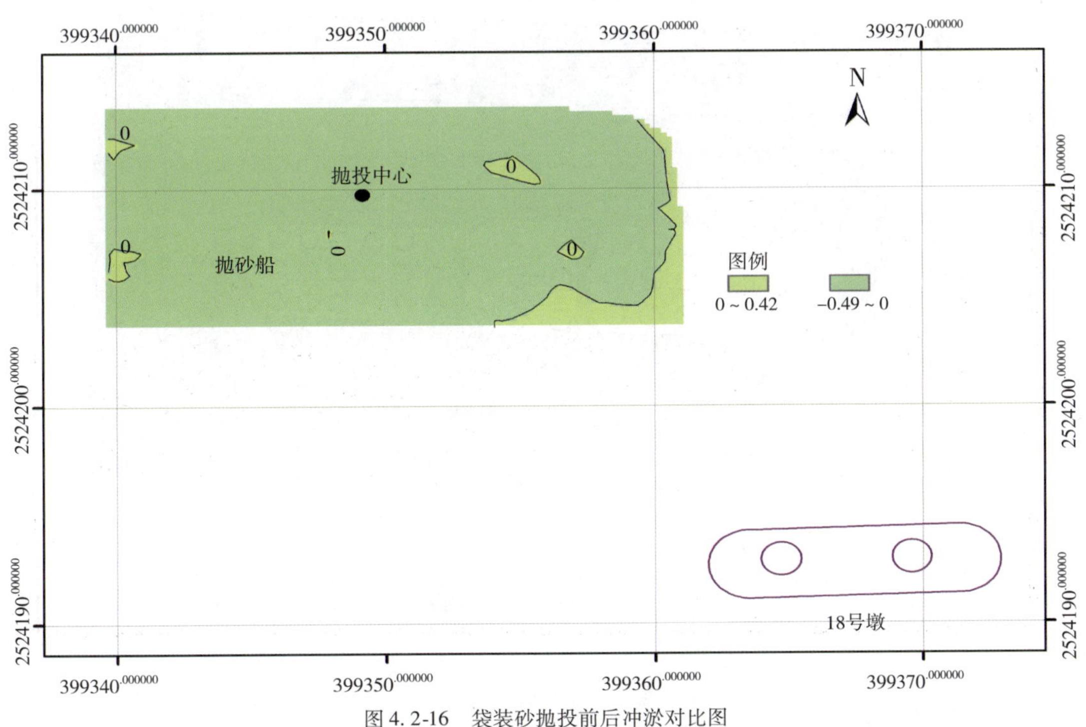

图 4. 2-16　袋装砂抛投前后冲淤对比图

级配碎石和块石抛投试验结果表明，由于抛投区处于淤泥厚度较小区段，因此，块石和碎石均有一定的成型率，成型率为 40% ~50%。从现场情况看，时值九江大桥附近的水位低、流速小，是施工的最佳时期，建议加强袋装砂抛投的强度，以尽快形成工作面。从抛投效果看，建议施工单位采用开驳船进行袋装砂的施工，有利于抛投成批量和成片，有利于袋装砂的水下成型。同时，建议施工单位加强定位放样工作，尽快安排相应的施工计划，以便下一步监测工作的实施。

4.2.5 冲刷防护施工成果

1）多波束地形监测成果

对 20 号和 21 号墩防护区进行了现场多波束地形监测，21 号墩防护区监测结果如图 4.2-17 所示。根据监测结果，对 21 号墩防护区进行冲淤计算，结果见表 4.2-6。由表 4.2-6 可知，21 号墩防护区总体上以成型堆积为主，冲刷量甚微，防护区整体平均成型堆积厚度为 4.3m。21 号墩防护区 2010 年 1 月 24 日与抛投前对比结果如图 4.2-18 所示。由图 4.2-18 可知，21 号墩周边核心区达到了当前水文条件下的预期防护效果，成型堆积厚度分布不均匀，局部区在 5m 以上，大部分成型堆积厚度在 3m 左右，护坦区成型堆积效果也较理想。

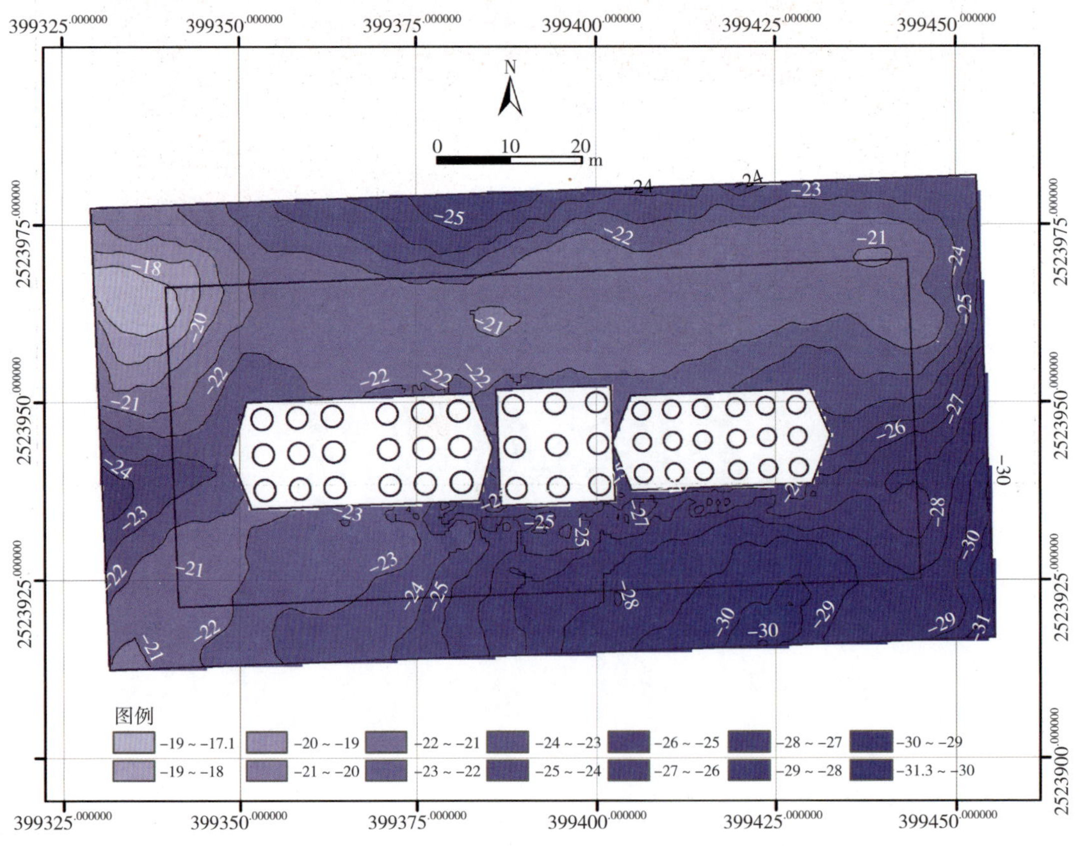

图 4.2-17　21 号墩防护区实测地形图

21 号墩防护区 2009.11.7～2010.1.24 冲淤计算 表 4.2-6

时间 \ 项目	冲刷量（m^3）	成型堆积量（m^3）	冲淤总量（m^3）	冲刷面积（m^2）	成型堆积面积（m^2）	平均成型堆积厚度（m）	平均冲刷深度（m）
2009.11.07～2009.12.28	-465	2 668	2 203	789.25	2 552.5	1.1	0.6
2009.11.07～2010.1.5	-575	11 004	10 429	970	4 619	2.4	0.6
2009.11.07～2010.1.12	-246	13 255	13 009	412.25	5 016	2.6	0.6
2009.11.07～2010.01.24	-2.3	23 627	23 624.7	19	6 870	3.4	0.1
2009.11.07～2010.01.29	0	29 627	29 627	0	6 889	4.3	0

注：“-”表示冲刷，“+”表示成型堆积。

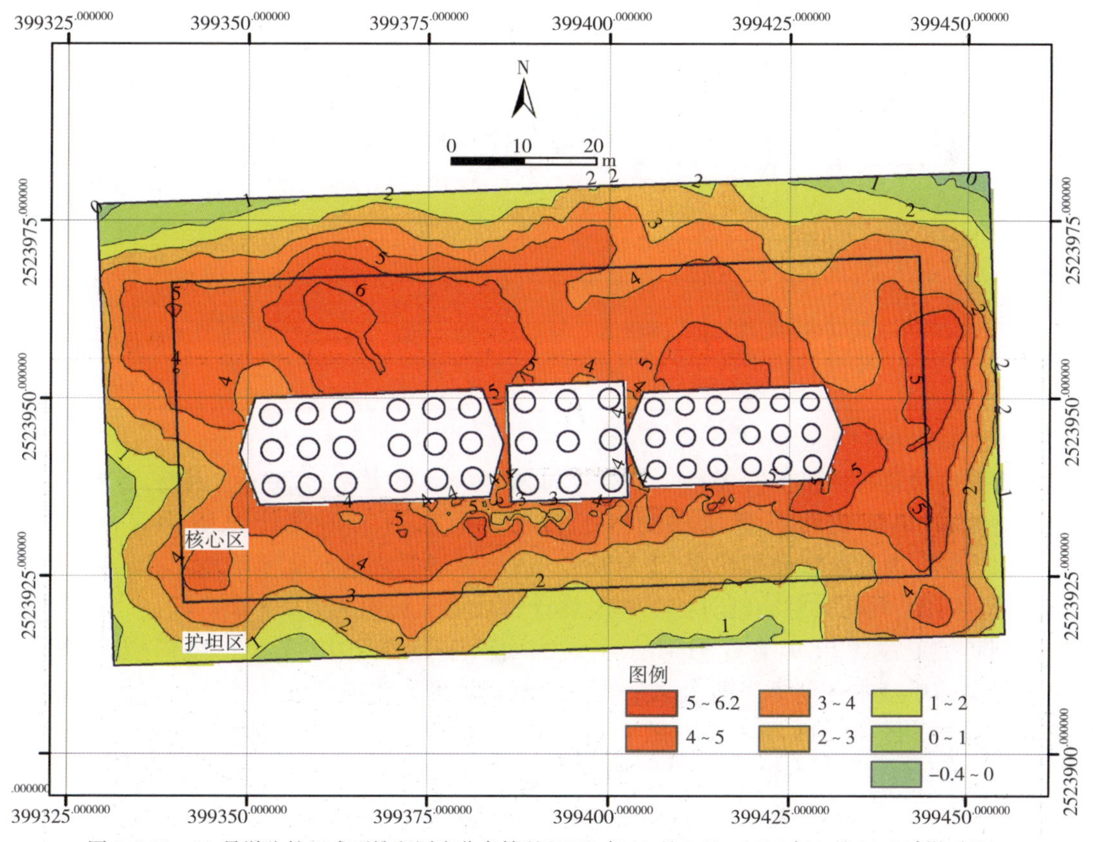

图 4.2-18 21 号墩防护区成型堆积厚度分布情况（2009 年 11 月 7 日～2010 年 1 月 24 日冲淤对比）

根据多波束地形监测，20 号墩冲刷防护工程核心区的合格率为 99%，护坦区为 87.9%。施工单位根据监测结果对核心区局部区域进行了补抛。补抛后核心区合格率为 100%，护坦区为 88.6%。对 21 号墩防护区整体沉降厚度以 0.4m 计算，最终计算出 21 号墩防护区 2m×2m 网格内防护材料整体平均成型堆积厚度，核心区合格率为 100%，护坦区为 85.6%。

2）成型验收

根据现场监测情况，提出下列三项成型合格率验收原则：

（1）验收标准应以“厚度为主，高程为辅”为方针。厚度验收标准的上下限值按设计要求为 +1.0m 和 -0.5m；同时考虑到水下施工的难度，建议对超抛部分区域做合格处理。

(2)在成型厚度计算中应考虑抛投中的冲陷深度和淤泥引起的整体沉降。厚度计算模式为:

成型厚度 = 实测累计成型堆积平均厚度 + 整体沉降量厚度

监测分析表明 18 ~20 号墩防护区淤泥引起的整体沉降厚度在 0.5 ~0.9m,20 号、21 号墩防护区细粉砂质引起的冲陷深度在 0.2 ~0.5m 之间。

(3)验收合格的标准:对袋装砂验收应以形成工作面为标准,对核心区应保证全部合格,而对护坦区尤其是防护边缘区合格率应以不低于 85% 为宜。苏通大桥冲刷防护工程合格率标准亦是如此。

根据现场监测结果,对各防护桥墩核心区和护坦区的工程量进行了计算,同时考虑整体沉降的工程量。监测项目组实际计算的面积只包括核心区和护坦区,不包括护坦区边缘的边坡,18 号、19 号墩核心区和护坦区的总面积为 3 926m^2,20 号墩核心区和护坦区的总面积为 5 472m^2,21 号墩核心区和护坦区的总面积为 6 889m^3,计算结果见表 4.2-7。

核心区和护坦区最终成型工程量计算结果 表 4.2-7

防 护 桥 墩	核心区 + 护坦区成型堆积量(m^3)	整体沉降量(m^3)	最终成型工程量(m^3)
18 号、19 号	13 208	3 533	16 741
20 号	21 422	2 736	24 158
21 号	29 624	3 445	33 069
合计			73 968

注:不包括群桩内部工程量。

各防护桥墩群桩内部实际抛投工程量经过监理统计核实为 9 784m^3,因此,各桥墩防护区核心区和护坦区的总工程量约为 83 752m^3。根据施工图设计总防护区面积约为 29 000m^2,因此,边坡区域面积约为 12 713m^2。边坡区域的成型厚度平均取 1.5m,成型量为 19 070m^3。因此,九江大桥冲刷防护工程最终计算成型工程量为 102 822m^3。

冲刷防护工程自 2009 年 11 月 10 日开始大面积施工,至 2010 年 1 月 28 日竣工,各桥墩防护工程实施后基本达到了当前水文条件下的预期效果。防护工程实施前后防护区周边的地形变化情况如图 4.2-19 所示。由图 4.2-19 可知,防护工程实施后,防护体周边河床地形变化甚微,基本在 0 ~1 之间变化,20 号墩和 21 号墩之间的主航道也基本没有变化,因此,在当前水文条件下,冲刷防护工程实施后对周边的河床基本没有影响,建议继续加强监测,以关注冲刷防护工程对周边河床的影响。

综上可见:

(1)多波束监测结果表明 21 号墩冲刷防护工程有效地保护了桥墩,达到了当前水文条件下的预期工程效果。

(2)冲刷防护工程实施后,在当前水文条件下,对防护体周边河床影响较小。

(3)此类防护工程验收标准应以“厚度为主,高程为辅”为方针。厚度验收标准的上下限值按设计要求为 +1.0m 和 -0.5m;同时考虑到水下施工的难度,对超抛部分区域可做合格处理。在成型厚度计算中应考虑抛投中的冲陷深度和淤泥引起的整体沉降。厚度计算模式为:

成型厚度 = 实测累计成型堆积平均厚度 + 整体沉降量厚度

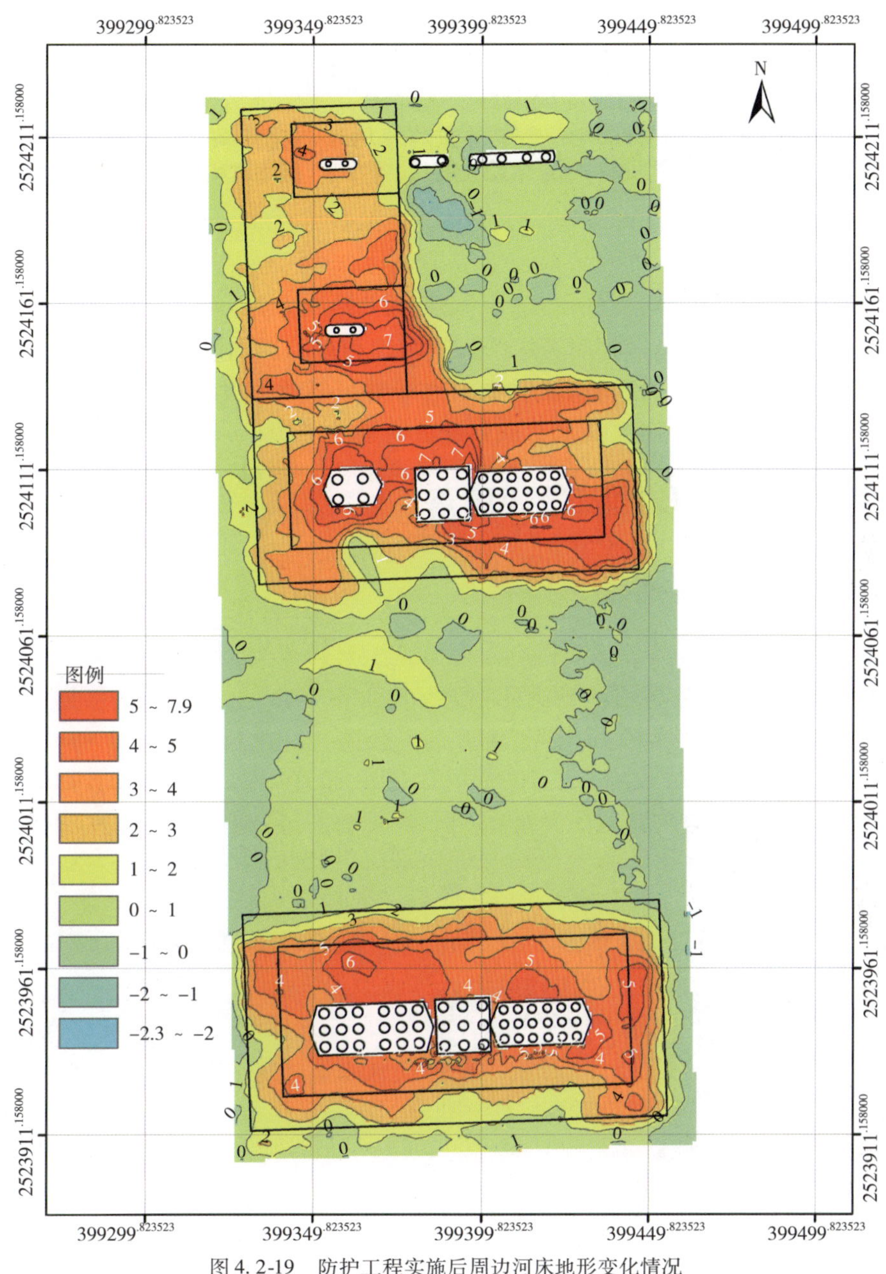

图 4.2-19　防护工程实施后周边河床地形变化情况

(4)监测分析表明 18 ~20 号墩防护区淤泥引起的整体沉降厚度在 0.5 ~0.9m,20 号、21 号墩防护区细粉砂质引起的冲陷深度在 0.2 ~0.5m 之间。

(5)验收合格的标准:对袋装砂验收应以形成工作面为标准,对核心区应保证 100% 合格率,而对护坦区尤其是防护边缘区合格率应以不低于 85% 为宜。

(6)建议冲刷防护工程结束后,进行冲刷防护工程的长期监测。在长期监测过程中,关注冲刷防护工程对周边河床的影响。

第 5 章　下部墩柱防撞评估及加固技术

本章以佛开高速公路九江大桥和 G325 国道九江大桥为例，通过分析防撞风险，有效地进行大桥的防撞加固设计，包括主动警示系统的设计和被动加固的设计，并针对加固设计进行了详细的防撞加固承载能力验算，证明加固方法的可靠性。九江大桥的墩柱防撞设计和施工可为同类桥梁防撞设计提供技术支持和经验借鉴。

5.1　防撞加固标准及加固设计思路

5.1.1　墩柱防撞加固标准

2011 年，广东省高速公路发展股份有限公司组织召开了“佛开高速公路和 G325 国道九江大桥桩基病害、桥墩防撞、冲刷防护论证和方案设计审查会”。会议一致认为，在非通航孔范围需要对 G325 国道九江大桥 19 号墩、佛开高速公路九江大桥 21 号、25 号墩进行防撞加固（图 5.1-1），并确定了防撞标准为：以防撞能力 350t、通航吨位 500t 为标准对 G325 国道九江大桥 19 号墩和佛开高速公路九江大桥 21 号、25 号墩进行防撞加固。

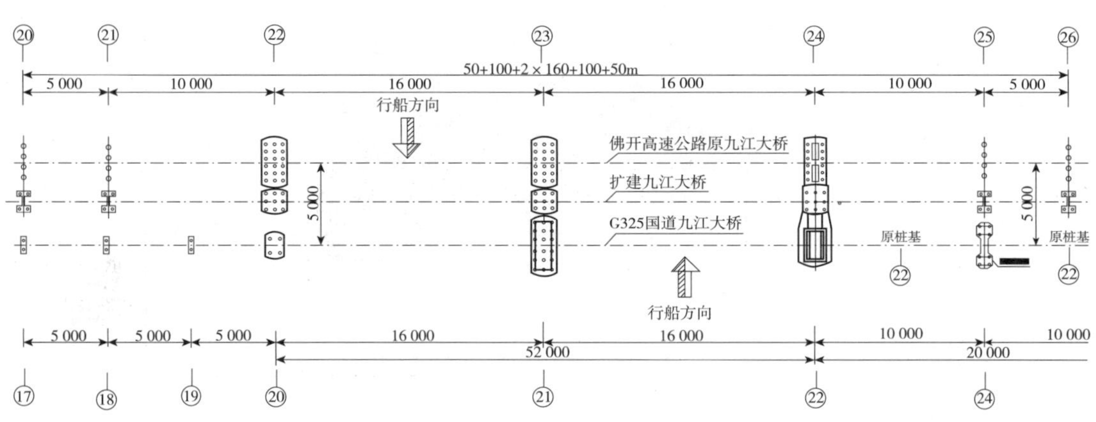

图 5.1-1　G325 国道九江大桥与佛开高速公路九江大桥桥墩编号示意图（尺寸单位：m）

5.1.2　墩柱防撞加固总体思路

通过设置航标、限制船舶吨位等导航、禁航措施，限制 500t 级以上船舶通行 G325 国道九江大桥 19 号墩和佛开高速公路九江大桥 21 号、25 号墩两侧的非主航道，从主动防护措施上避免大于设计船撞力的船舶撞击这些桥墩。同时，通过对结构进行加固提高其自身抗力或增设防撞结构实现对桥墩的被动防撞安全保护。

提高桥墩自身抗力的防撞加固思路主要采用加强桥墩的横向联系和新增桩基以增强桥墩的整体抗撞能力。

5.1.3 墩柱防撞加固设计方案

（1）首先进行横桥向船舶撞击工况验算，判断加强横向连接的必要性和可行性。通过验算，佛开高速公路九江大桥21号、25号墩均需要加强横向联系（图5.1-2）。

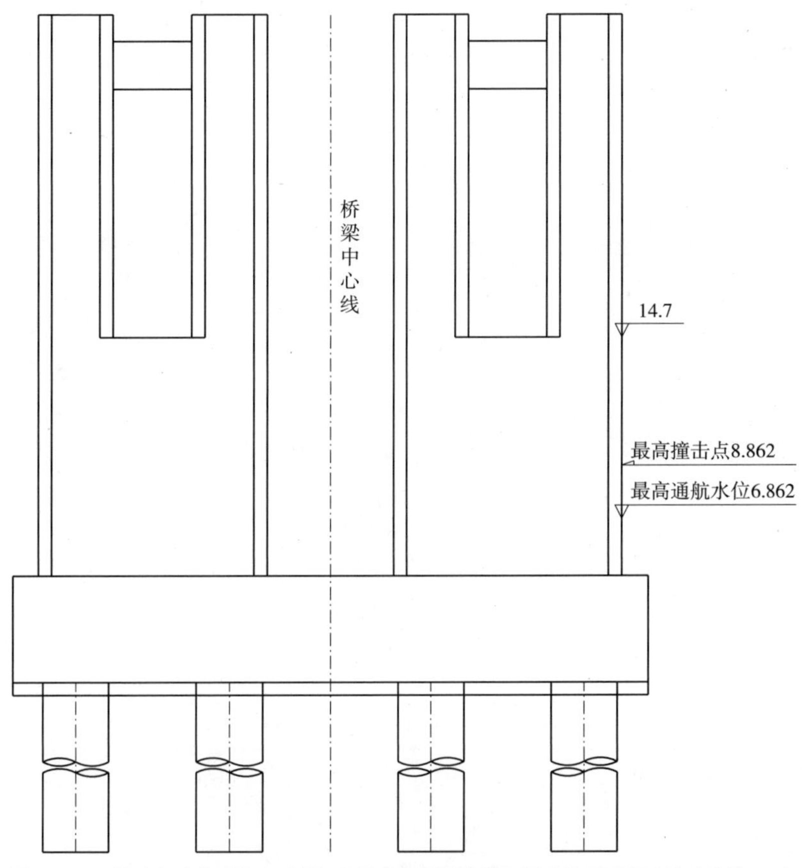

图5.1-2 佛开高速公路九江大桥21号、25号墩防撞加固方案示意图（尺寸单位：cm）

（2）通过横向、顺向船舶撞击工况验算，确定填充柱间空当的范围。经验算，佛开高速公路九江大桥21号、25号墩填充柱间空当至高程14.7m处，墩柱在船舶撞击工况下是安全的。

（3）在确定墩柱处理措施后，验算在船舶撞击工况下，是否需要新添加桩基。经验算，佛开高速公路九江大桥21号墩与佛开扩建九江大桥20号墩横向连接后，需添加4根ϕ150cm桩基；25号墩无须添加桩基。

5.2 防撞加固设计构造及计算分析

5.2.1 佛开高速公路九江大桥21号墩防撞加固设计

21号墩为佛开高速公路九江大桥的北侧次边墩。原结构为六边形实心柱对应D250cm

的桩基,但由于施工中3号桩基掉钻,后直接浇筑素混凝土;上游外侧1号桩基检测断桩(上述两桩见图5.2-1中阴影部分)。后在发生问题两根桩基旁边3m外增设 *D*220cm 桩基,桩顶增设预应力承台。

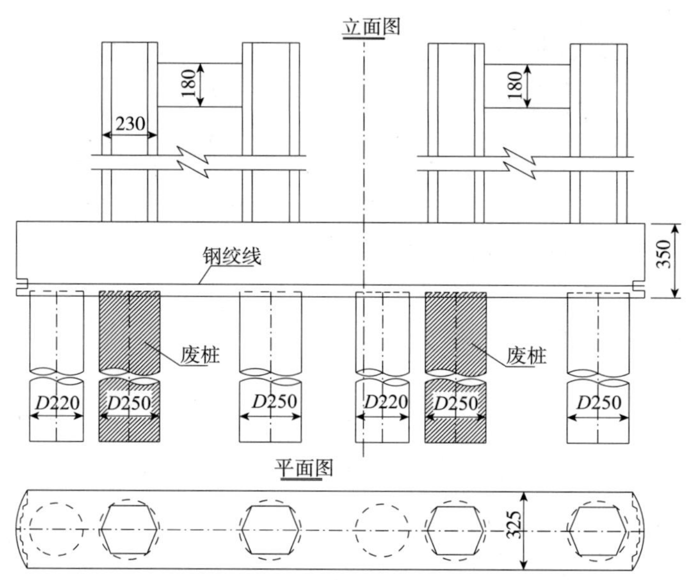

图5.2-1　21号墩一般构造图(尺寸单位:cm)

1)21号墩被动防撞加固设计要点(图5.2-2、图5.2-3)

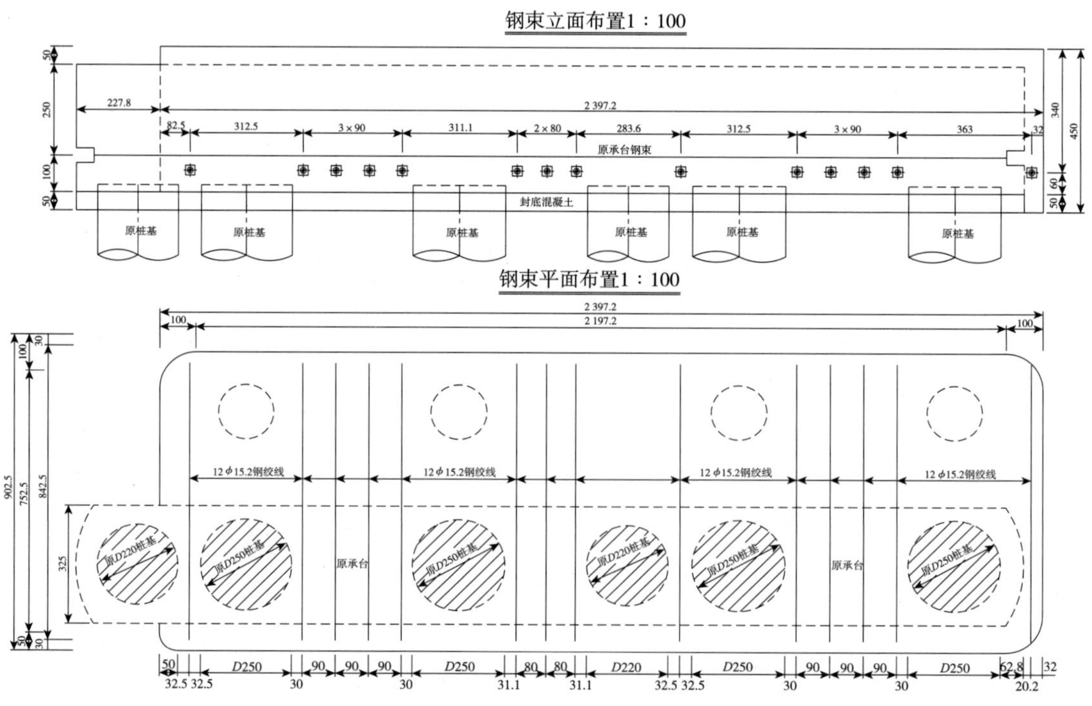

图5.2-2　佛开高速公路九江大桥21号墩防撞加固钢束布置图(尺寸单位:cm)

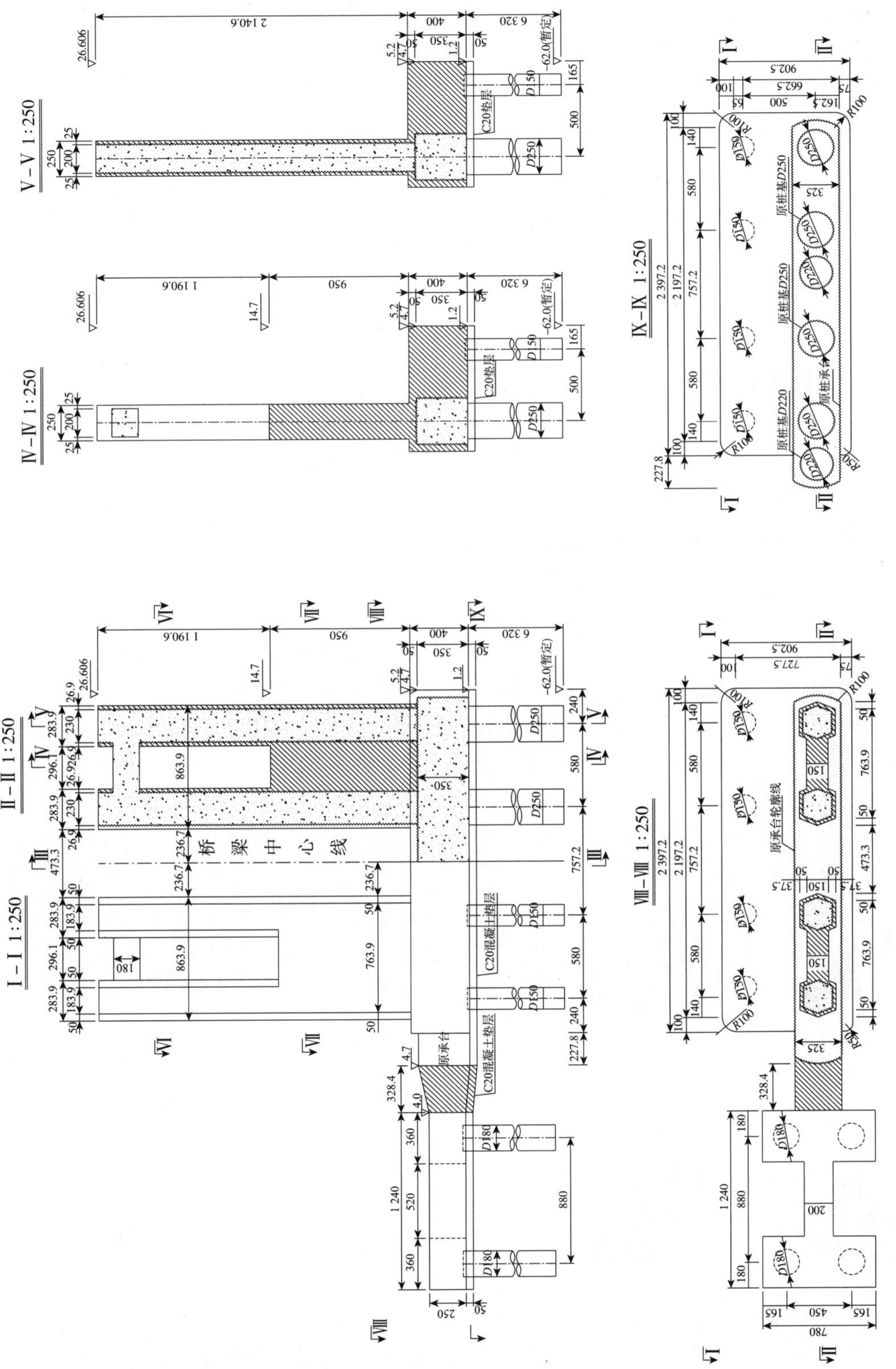

图5.2-3 佛开高速公路九江大桥21号墩防撞加固构造图(尺寸单位:cm)

(1)连接左右幅墩柱并增大截面:原墩柱每侧增厚25cm,并填充左、右幅的两墩柱至14.7m高程处。

(2)扩大承台,新加4根ϕ150cm桩基,与旧有桩基共同抵抗船舶撞击,并在承台下缘设置预应力系统。

2)21号墩防撞加固计算要点

(1)21号墩原结构承载能力验算:承载能力验算以"恒载+升(降)温150℃+制动力+收缩徐变"为控制性工况,采用基本组合:主桥(50+100+160+160+100+50)m,墩柱和桩基均满足规范及原设计要求;偶然组合及船舶撞击性能分析。

各墩抵抗船舶撞击性能见表5.2-1、表5.2-2。

顺桥向—桥墩最大船舶撞击力　　表5.2-1

桥墩编号		与水平力逆向撞击力(kN)	与水平力同向撞击力(kN)
主桥次边墩	21号	1 350	1 540

横桥向—桥墩最大船舶撞击力　　表5.2-2

桥墩编号		荷载组合2(风荷载)撞击力(kN)	荷载组合4(温度荷载)撞击力(kN)
主桥次边墩	21号	1 200	1 050

(2)防撞加固方案验算:验算中采用以下荷载和荷载组合。

①恒载:21号墩单支座恒载反力N=6 000kN。

②支座摩阻力。

顺桥向:滑动支座取f=300kN(μ=0.05)、f=120kN(μ=0.02)包络计算。

横桥向:固定支座取f=900kN(支座吨位9 000kN,剪力系数0.1)。

③船舶撞击力:横桥向按3 500kN,顺桥向按1 750kN计算。

④船舶撞击力作用点:由设计文件可知,航道最高通航水位为6.862m,取最高撞击点为6.862+2=8.862m。经验算分析,最高船舶撞击点船撞工况对结构不利,只摘取了最高点船撞工况。

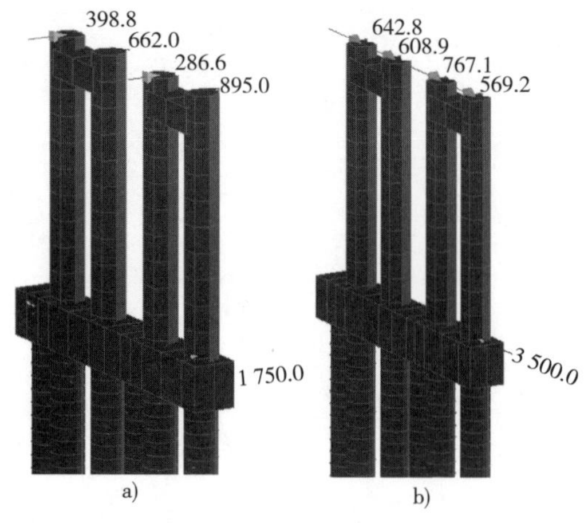

图5.2-4　船撞工况下原结构支座反力图
a)纵向水平力;b)横向水平力

⑤荷载组合:为结构安全计,墩顶支座均按照滑动考虑,并取最不利摩阻力进行包络组合。

横桥向:恒载反力+自重+横桥向船舶撞击力+支座摩阻力。

顺桥向:恒载反力+自重+顺桥向船舶撞击力+支座摩阻力。

针对每个墩,主要验算在3 500kN船舶撞击力作用下,原桥墩结构的承载能力和桥墩防撞施工图方案的分析与验算。

3)原桥墩结构的承载能力验算(图5.2-4、图5.2-5、表5.2-3)

由图5.2-4可知,支座反力>f_{max}支座摩阻力,则可判断,在3 500kN作用下,顺桥向支座发生滑动,横桥向固定支座发生破坏。

由表 5.2-3 分析可得原结构在 3 500kN 船舶撞击力作用下,墩顶支座滑动;在 3 500kN 船舶撞击力作用下,原墩柱不能作为整体满足承载能力要求。

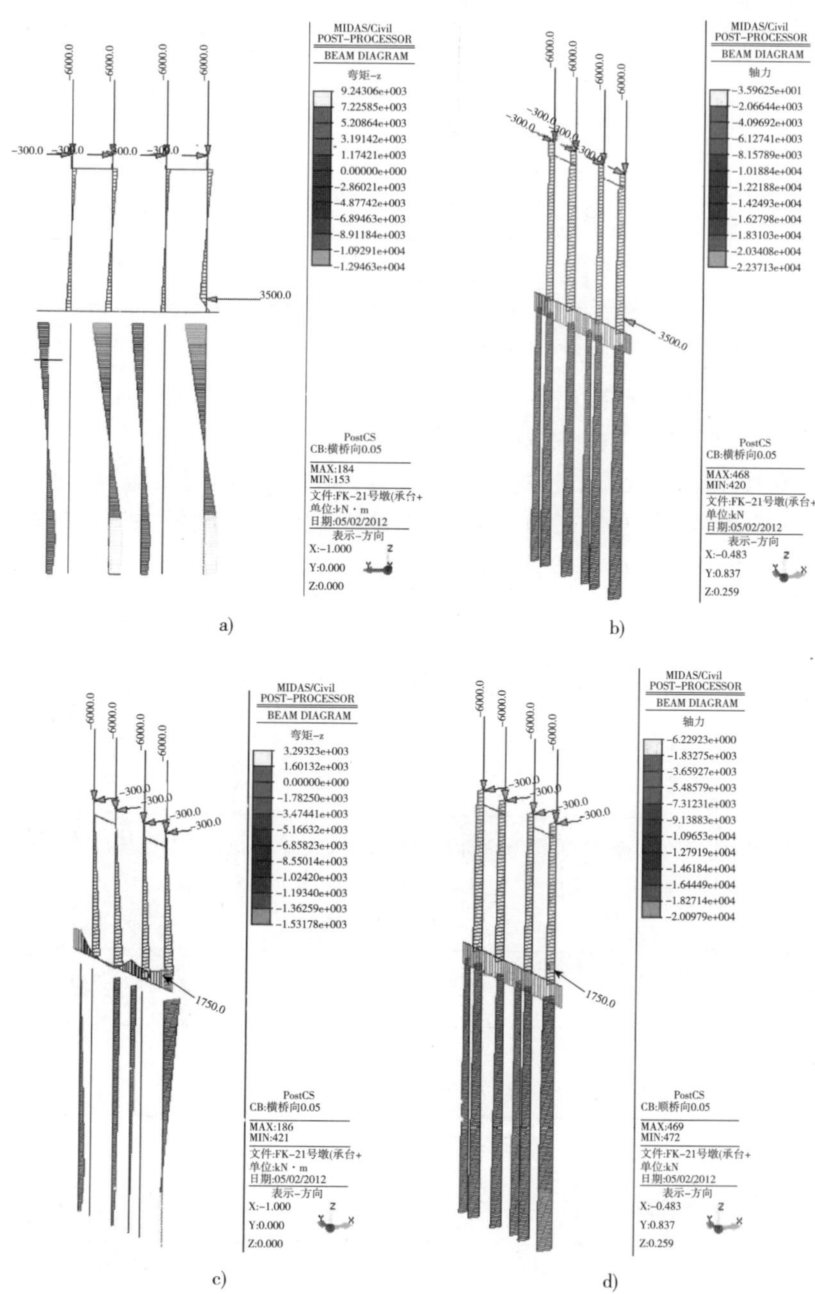

图 5.2-5　原结构内力图

a)原结构横桥向弯矩图;b)原结构横桥向轴力图;c)原结构顺桥向弯矩图;d)原结构顺桥向轴力图

原结构承载能力验算表 表 5.2-3

荷载工况	验算截面	荷载效应		需要钢筋	实配钢筋	是否满足承载能力
横桥向（船撞击力 3 500kN）	柱底	轴力(kN)	8 925.4	9ϕ28	5ϕ28	否
		弯矩(kN·m)	4 154.2			
	桩顶	轴力(kN)	8 753.3	111ϕ28	36ϕ28	否
		弯矩(kN·m)	16 368.2			
顺桥向（船撞击力 1 750kN）	柱底	轴力(kN)	8 350.7	19ϕ28	10ϕ28	否
		弯矩(kN·m)	3 078.6			
	桩顶	轴力(kN)	11 311.9	1ϕ28	36ϕ28	是
		弯矩(kN·m)	6 699.8			

4）桥墩防撞施工图方案的分析与验算

由上节计算可知，在船舶撞击时，21 号墩墩柱薄弱为控制因素，由此进行墩柱加固措施。经过验算以及充分考虑墩柱加固措施的可施工性，选择了墩柱每侧加厚 25cm 并横向连接墩柱空当至高程 14.7m 处为墩柱加固基本措施，加固示意图如图 5.2-6 所示。

（1）不新加桩基方案的承载能力验算：为保证加固措施的经济性，首先验算了只加固墩柱的加固方案（图 5.2-7 ~ 图 5.2-9、表 5.2-4）。

横桥向支座摩阻力工况表 表 5.2-4

支座摩阻力	f_1(kN)	f_2(kN)
工况一	300	900
工况二	120	900
工况三	300	300
工况四	120	120

由工况分析可知，工况一为墩柱承载能力控制工况；工况四为桩基承载能力控制工况。工况一的墩柱验算和工况四的桩基验算见表 5.2-5、表 5.2-6。

工况一墩柱截面验算 表 5.2-5

荷载工况	验算截面	荷载效应		需要钢筋	实配钢筋	是否满足承载能力
横桥向（船撞力 3 500kN）	柱填充交接处	轴力(kN)	9 684.2	13ϕ 25	25ϕ25	是
		弯矩(kN·m)	4 256.6			

工况四桩基截面验算 表 5.2-6

荷载工况	验算截面	荷载效应		需要钢筋	实配钢筋	是否满足承载能力
横桥向（船撞力 3 500kN）	桩顶	轴力(kN)	7 814.6	90ϕ28	36ϕ28	否
		弯矩(kN·m)	14 389.5			

由表 5.2-5 工况一可知，在墩柱采取加固措施后，其承载能力满足要求。

由表 5.2-6 工况四可知，桩基承载能力不能满足要求，不新加桩基方案不成立。

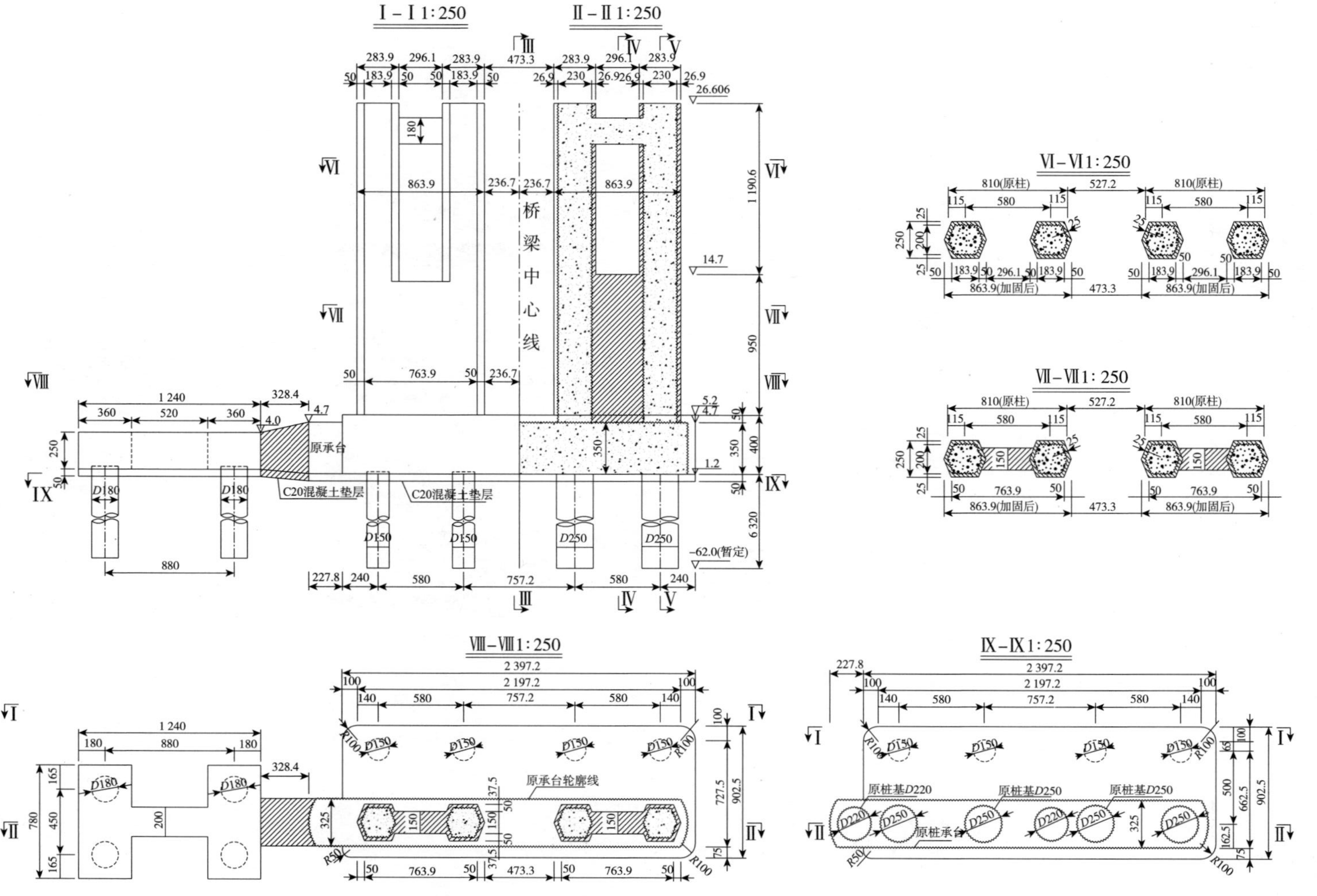

图5.2-6 墩柱加固示意图(尺寸单位:m)

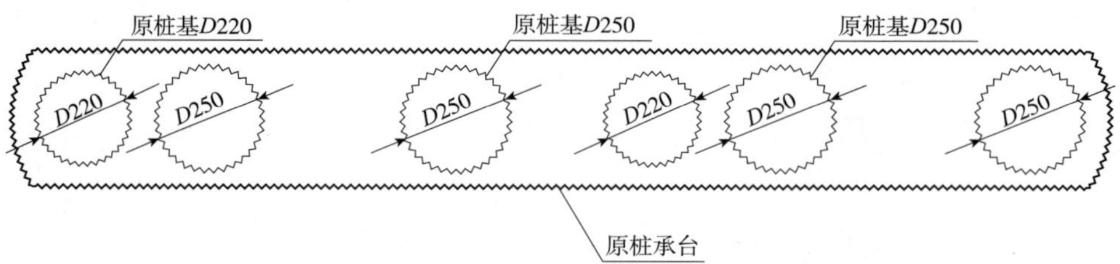

图 5.2-7　不新加桩基方案平面布置图

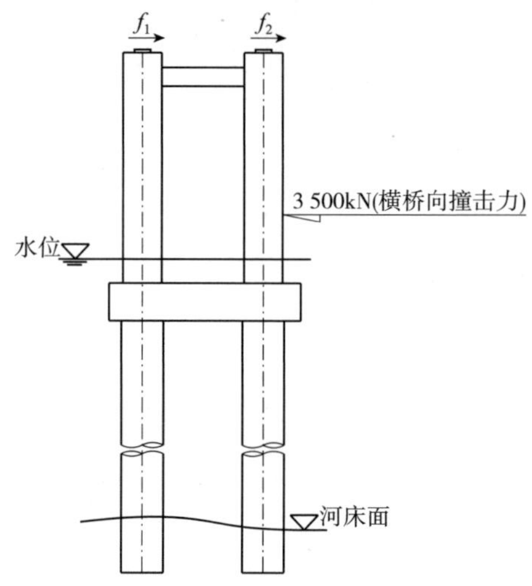

图 5.2-8　摩阻力工况示意图

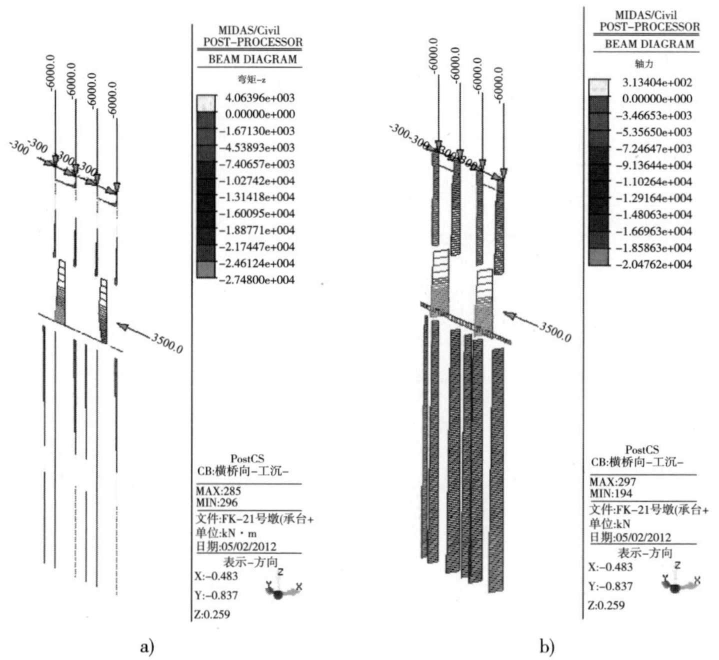

图　5.2-9

MIDAS/Civil
POST–PROCESSOR
BEAM DIAGRAM
弯矩-z
5.49820e+003
2.87491e+003
-0.00000e+000
-2.37168e+003
-4.99497e+003
-7.61826e+003
-1.02415e+004
-1.28648e+004
-1.54881e+004
-1.81114e+004
-2.07347e+004
-2.33580e+004
-6000.0
-1209
3500.0
PostCS
CB:横桥向-工沉-
MAX:286
MIN:296
文件:FK-21号墩(承台+
单位:kN·m
日期:05/02/2012
表示-方向
X:-0.483
Y:-0.837
Z:0.259
c)
MIDAS/Civil
POST–PROCESSOR
BEAM DIAGRAM
轴力
4.13975e+002
0.00000e+000
-3.38425e+003
-5.28336e+003
-7.18247e+003
-9.08158e+003
-1.09807e+004
-1.28798e+004
-1.47789e+004
-1.66780e+004
-1.85771e+004
-2.04762e+004
-6000.0
-1209
3500.0
PostCS
CB:横桥向-工沉-
MAX:195
MIN:194
文件:FK-21号墩(承台+
单位:kN
日期:05/02/2012
表示-方向
X:-0.483
Y:-0.837
Z:0.259
d)
MIDAS/Civil
POST–PROCESSOR
BEAM DIAGRAM
弯矩-z
8.84474e+003
6.79158e+003
4.73842e+003
2.68526e+003
0.00000e+000
-1.42105e+003
-3.47421e+003
-5.52737e+003
-7.58053e+003
-9.63368e+003
-1.16868e+004
-1.37400e+004
-6000.0
-300
3500.0
PostCS
CB:横桥向-工况三
MAX:285
MIN:296
文件:FK-21号墩(承台+
单位:kN·m
日期:05/02/2012
表示-方向
X:-0.483
Y:-0.837
Z:0.259
e)
MIDAS/Civil
POST–PROCESSOR
BEAM DIAGRAM
轴力
-2.18303e+001
-1.88132e+003
-3.74082e+003
-5.60031e+003
-7.45980e+003
-9.31929e+003
-1.11788e+004
-1.30383e+004
-1.48978e+004
-1.67573e+004
-1.86168e+004
-2.04762 e+004
-6000.0
-300
3500.0
PostCS
CB:横桥向-工况三
MAX:195
MIN:194
文件:FK-21号墩(承台+
单位:kN
日期:05/02/2012
表示-方向
X:-0.483
Y:-0.837
Z:0.259
f)

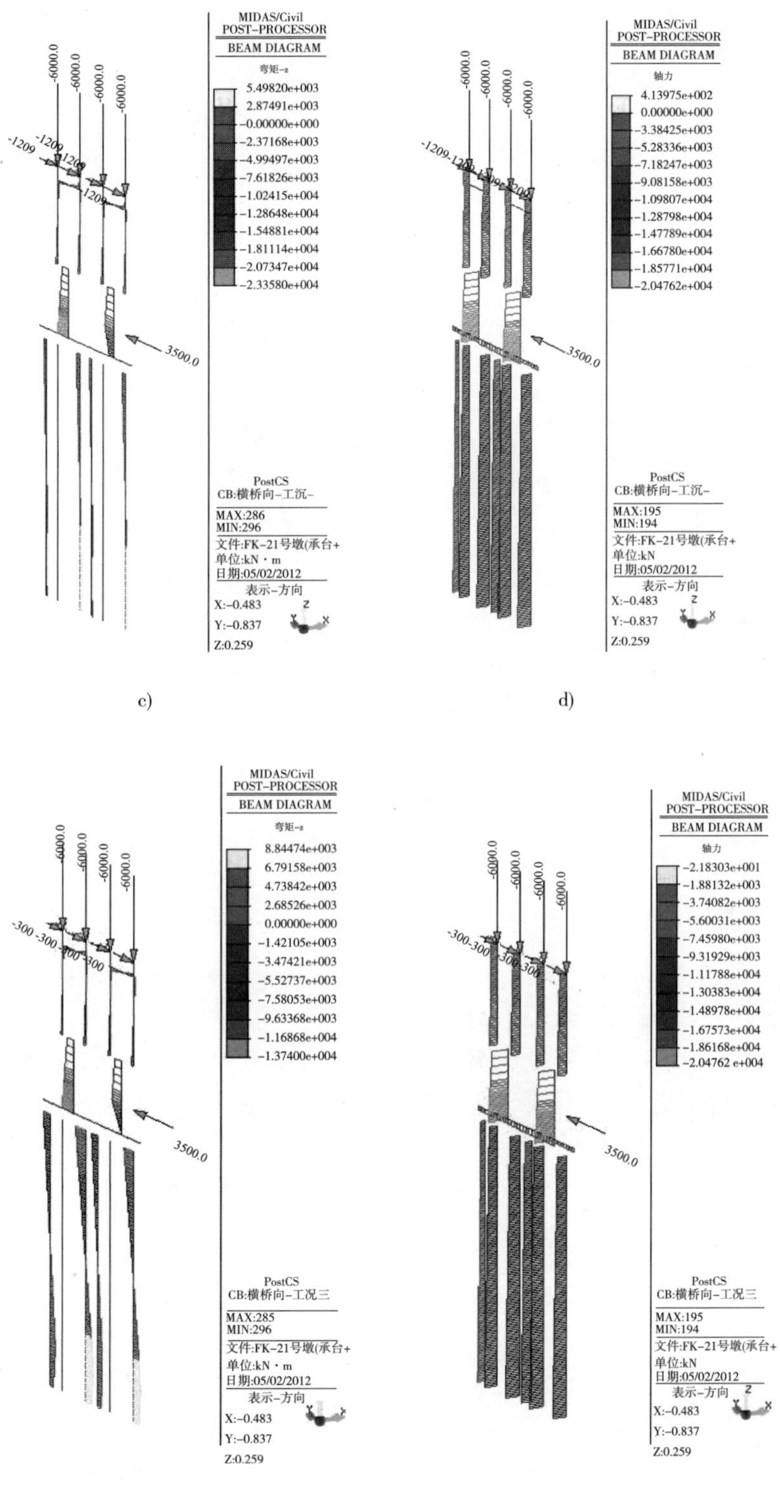

图　5.2-9

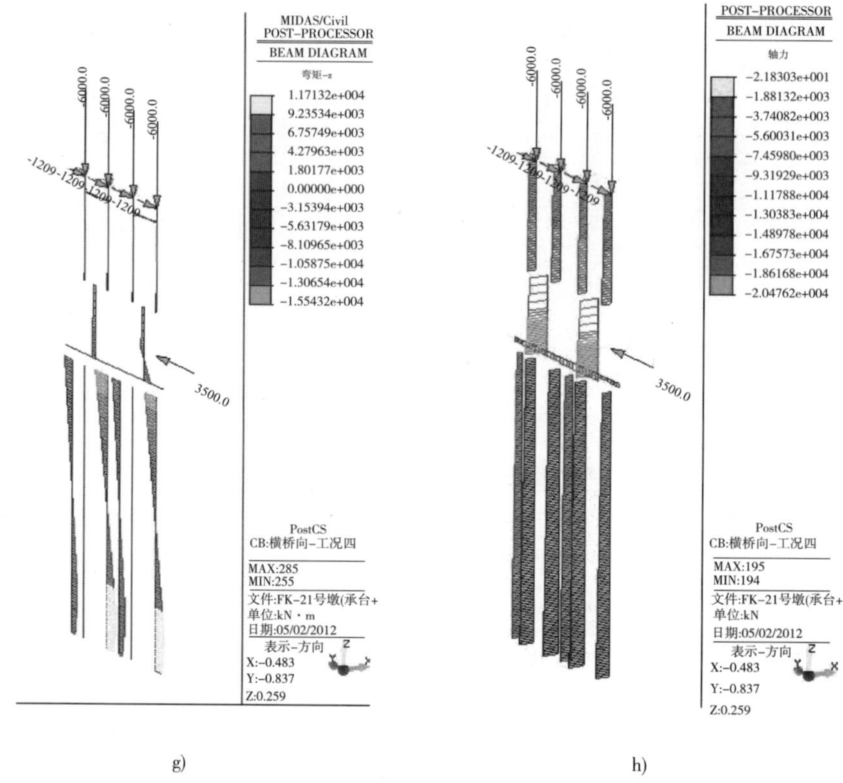

图 5. 2-9　加固结构内力图

a）横桥向工况一弯矩图；b）横桥向工况一轴力图；c）横桥向工况二弯矩图；d）横桥向工况二轴力图；e）横桥向工况三弯矩图；f）横桥向工况三轴力图；g）横桥向工况四弯矩图；h）横桥向工况四轴力图

（2）新加桩基方案的承载能力验算：经过验算以及充分考虑墩柱加固措施的安全性、可施工性，选择了在通航孔侧新加 4 根 ϕ150cm 桩基，如图 5. 2-10、图 5. 2-11、表 5. 2-7 所示。

经过验算，在只增桥横向联系、不添加新桩基时，原桥桩基无法满足承载能力要求。在添加 4 根 ϕ1. 5m 桩基后，结构具备了充分的承载能力储备。

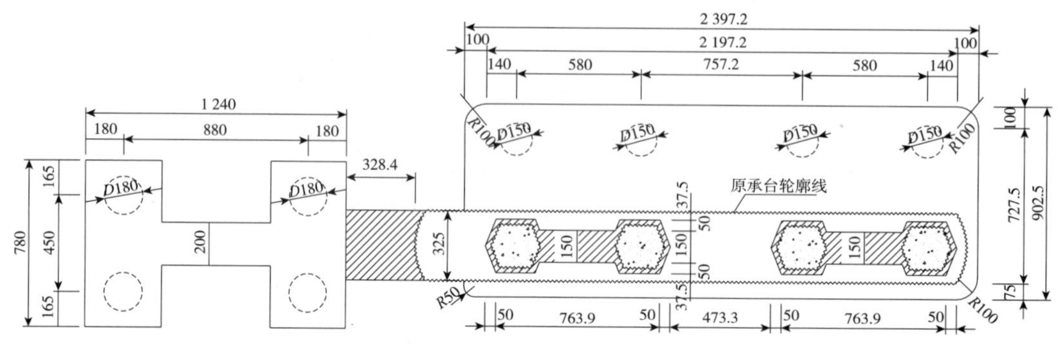

图 5. 2-10　新加桩基位置示意图（尺寸单位：cm）

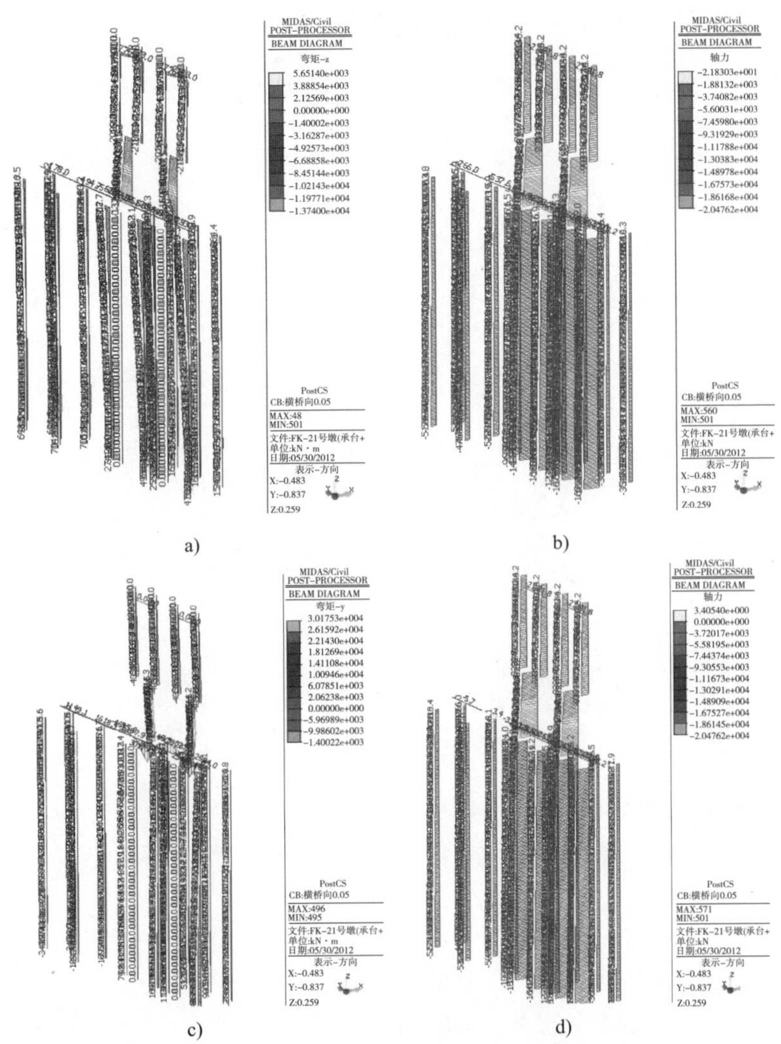

a)　　b)　　c)　　d)

图5.2-11　加固后内力图

a)加固后横桥向弯矩图;b)加固后横桥向轴力图;c)加固后顺桥向弯矩图;d)加固后顺桥向轴力图

加固后桩基验算结果　　表5.2-7

荷载工况	验算截面	荷载效应		需要钢筋	实配钢筋	是否满足承载能力
横桥向 (船撞击力3 500kN)	原桩桩顶	轴力(kN)	12 618.9	19ϕ28	36ϕ28	是
		弯矩(kN · m)	9 872.4			
	新桩桩顶	轴力(kN)	2 414.8	9ϕ28	28ϕ28	是
		弯矩(kN · m)	1 522.3			
顺桥向 (船撞击力1 750kN)	原桩桩顶	轴力(kN)	11 551.6	11ϕ28	36ϕ28	是
		弯矩(kN · m)	8 433.9			
	新桩桩顶	轴力(kN)	3 824.4	2ϕ28	28ϕ28	是
		弯矩(kN · m)	1 261.1			

5.2.2 佛开高速公路九江大桥25号墩防撞加固设计

25号墩为佛开高速公路九江大桥南侧次边墩，原为实心柱配置单排2根ϕ3m桩基（图5.2-12）。

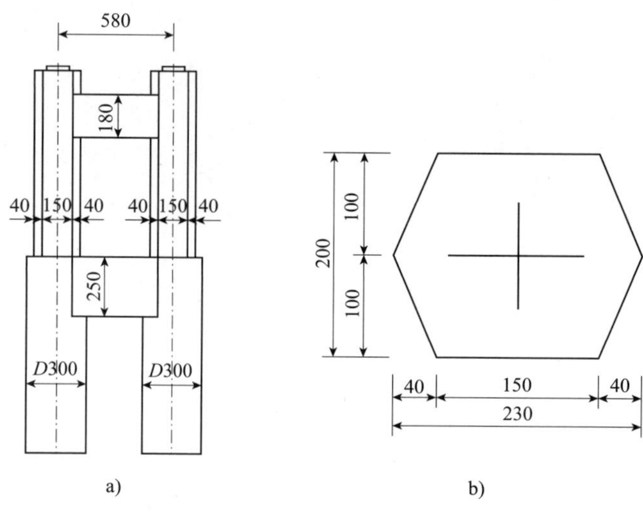

图5.2-12　立面图和立柱横断面（尺寸单位：cm）
a）立面图；b）立柱横断面

1）25号墩被动防撞加固设计要点

（1）连接左右幅桩间系梁，扩大承台：原墩柱每侧增厚25cm并填充左、右幅的两墩柱至14.5m高程处。

（2）新加小承台，增加桩基横向联系，如图5.2-13所示。

2）25号墩防撞加固计算要点

（1）25号墩原结构承载能力验算：承载能力验算以"恒载＋升（降）温150℃＋制动力＋收缩徐变"为控制性工况，采用基本组合：主桥（50＋100＋160＋160＋100＋50）m，墩柱和桩基均满足规范及原设计要求；偶然组合及船舶撞击性能分析。

各墩抵抗船舶撞击性能见表5.2-8、表5.2-9。

顺桥向—桥墩最大船舶撞击力　　表5.2-8

桥 墩 编 号		与水平力逆向撞击力（kN）	与水平力同向撞击力（kN）
主桥次边墩	25号	新规范：275	800
		旧规范：730	

横桥向—桥墩最大船舶撞击力　　表5.2-9

桥 墩 编 号		荷载组合2（风荷载）撞击力（kN）	荷载组合4（温度荷载）撞击力（kN）
主桥次边墩	25号	2 000	2 200

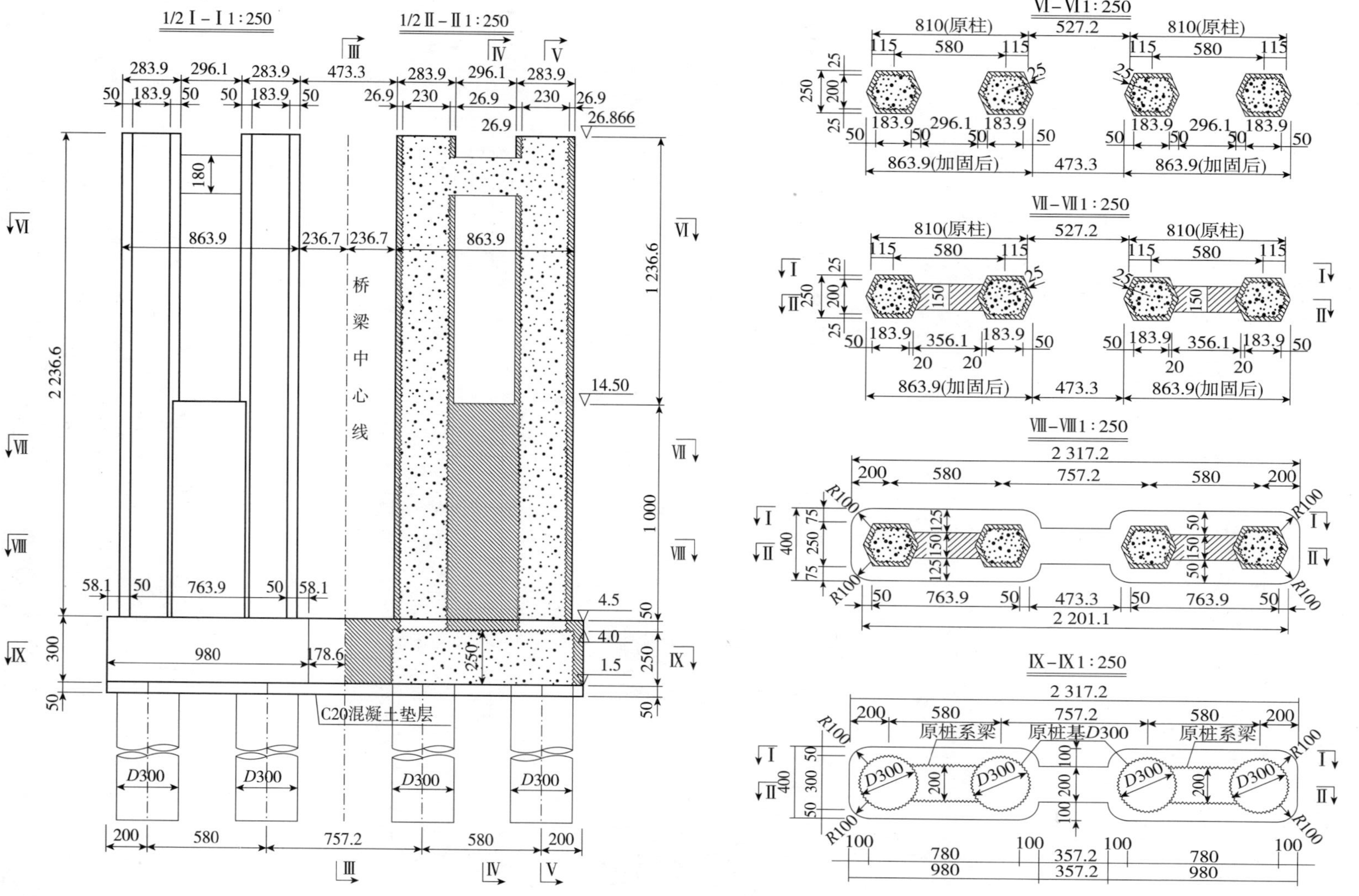

图5.2-13　佛开高速公路九江大桥25号墩防撞加固布置图(尺寸单位：cm)

(2)防撞加固施工图方案验算:验算中采用如下荷载及荷载组合。

①恒载:25 号墩单支座恒载反力 $N=6\ 000$kN。

②支座摩阻力。

顺桥向:滑动支座取 $f=300$kN($\mu=0.05$)、$f=120$kN($\mu=0.02$)包络计算。

横桥向:固定支座取 $f=900$kN(支座吨位 9 000kN,剪力系数 0.1)。

③船撞击力:横桥向按 3 500kN,顺桥向按 1 750kN 计算。

④船舶撞击力作用点:由设计文件可知,航道最高通航水位为 6.862m,取最高撞击点为 6.862+2=8.862m。经验算分析,最高船舶撞击点船撞工况对结构不利,只选取了最高点船撞工况。

⑤荷载组合:为结构安全计,墩顶支座均按照滑动考虑,并取最不利摩阻力进行包络组合。

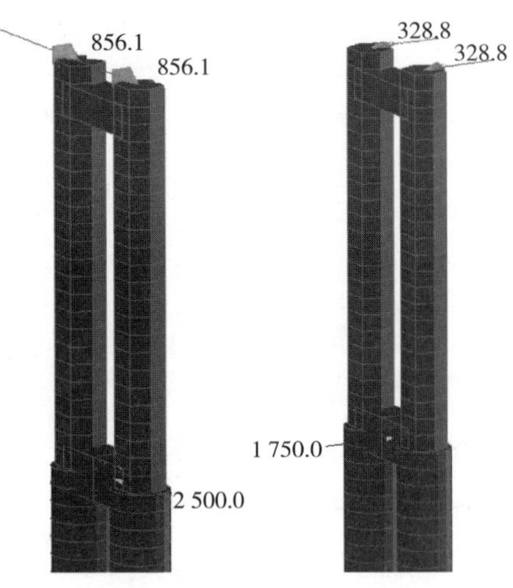

图 5.2-14　船撞工况下原结构支座反力图

横桥向:恒载反力 + 自重 + 横桥向船舶撞击力 + 支座摩阻力。

顺桥向:恒载反力 + 自重 + 顺桥向船舶撞击力 + 支座摩阻力。

针对每个墩,主要验算了以下两个方面内容:在 3 500kN船舶撞击力下,原桥墩结构的承载能力验算;在 3 500kN 船舶撞击力下,桥墩防撞施工图方案的分析与验算。

3)原桥墩结构的承载能力验算(图 5.2-14、图 5.2-15、表 5.2-10)

由图 5.2-14 可知,支座反力 $>f_{max}$ 支座摩阻力,则可判断,在 3 500kN 作用下,顺桥向支座发生滑动,横桥向固定支座发生破坏。

原结构承载能力验算表　　表 5.2-10

荷载工况	验算截面	荷载效应		需要钢筋	实配钢筋	是否满足承载能力
横桥向(船撞击力 3 500kN)	柱底	轴力(kN)	8 121.2	22ϕ28	5ϕ28	否
		弯矩(kN·m)	8 191.9			
	桩顶	轴力(kN)	918.5(拉)	236ϕ28	120ϕ28	否
		弯矩(kN·m)	22 890.3			
	桩底	轴力(kN)	5 146.4	214ϕ28	60ϕ28	否
		弯矩(kN·m)	24 313.2			
顺桥向(船撞击力 1 750kN)	柱(撞击点)	轴力(kN)	8 148.6	22ϕ28	10ϕ28	否
		弯矩(kN·m)	6 943.1			
	桩底	轴力(kN)	14 801.8	28ϕ28	60ϕ28	是
		弯矩(kN·m)	14 212.7			

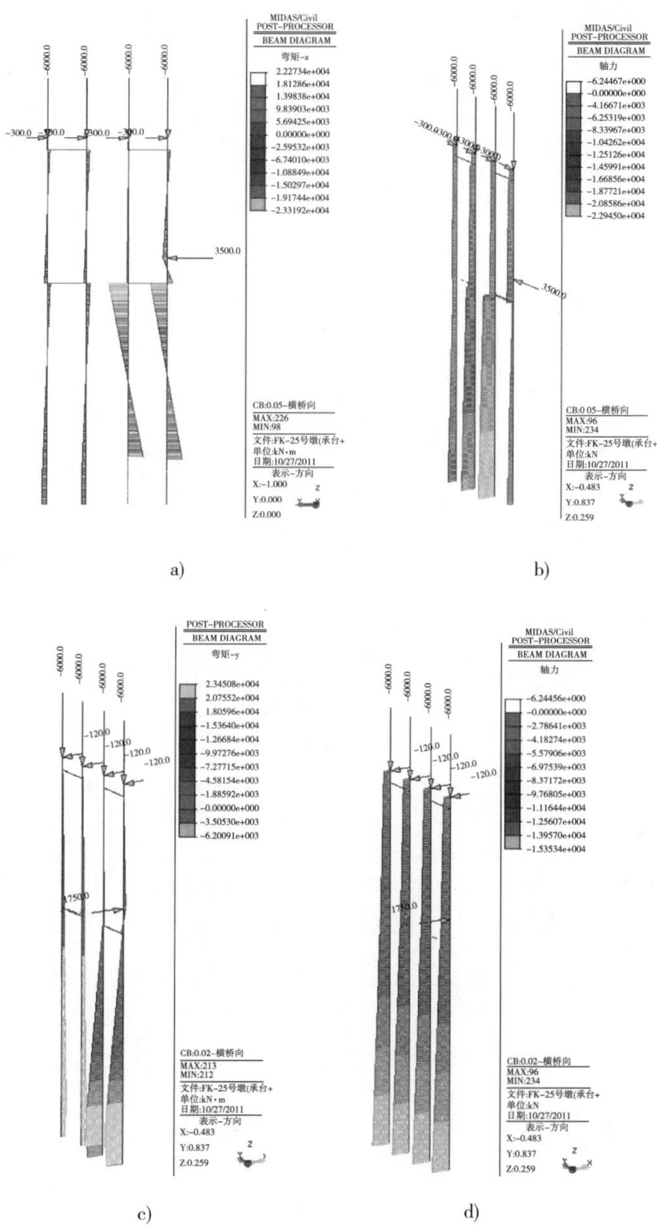

图 5.2-15　原结构内力图

a）原结构横桥向弯矩图；b）原结构横桥向轴力图；c）原结构顺桥向弯矩图；d）原结构顺桥向轴力图

原结构验算在 3 500kN 船舶撞击力作用下，墩顶支座滑动；而在 3 500kN 船舶撞击力作用下，原墩柱不能作为整体满足承载能力要求。

4）桥墩防撞施工图方案的分析与验算

由上节计算可知，在船舶撞击时，25 号墩墩柱薄弱为控制因素。

经过验算以及充分考虑墩柱加固措施的可施工性，选择了墩柱每侧加厚 25cm 并横向连接墩柱空当至高程 14.5m 处为墩柱加固基本措施。

经验算,在保证桥墩左右幅横向连接刚度的情况下,不需新加桩基即可满足 3 500kN 船舶撞击的承载能力要求。

由 21 号墩验算过程可知,在工况四摩阻力作用下,桩基验算最不利,工况四验算过程如图 5. 2-16、图 5. 2-17、表 5. 2-11 所示。

承载能力验算表　　表 5. 2-11

荷载工况	验算截面	荷载效应		需要钢筋	实配钢筋	是否满足承载能力
横桥向（船撞击力 3 500kN）	柱(撞击点)	轴力(kN)	9 225. 9	14ϕ25	25ϕ25	是
		弯矩(kN·m)	2 627			
	桩顶	轴力(kN)	6 277. 9	56ϕ28	120ϕ28	是
		弯矩(kN·m)	12 752. 3			
顺桥向（船撞击力 1 750kN）	柱(撞击点)	轴力(kN)	8 551	13ϕ25	18ϕ25	是
		弯矩(kN·m)	4 500			
	桩底	轴力(kN)	9 534	7ϕ28	60ϕ28	是
		弯矩(kN·m)	8 518. 3			

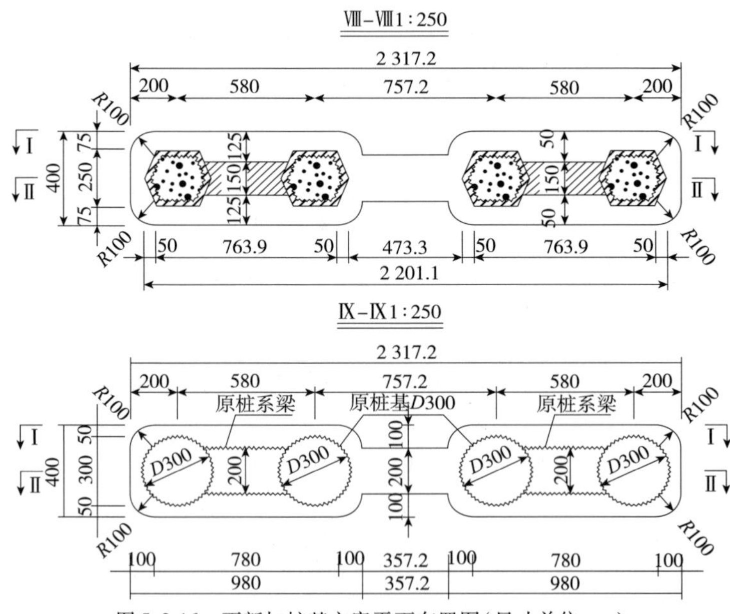

图 5. 2-16　不新加桩基方案平面布置图(尺寸单位:cm)

由工况分析可知,工况一为墩柱承载能力控制工况;工况四为桩基承载能力控制工况。工况一的墩柱验算和工况四的桩基验算见表 5. 2-11。

25 号墩与 21 号墩墩柱结构相同,在采取同样的加固措施后,25 号墩柱能满足承载能力要求。由最不利横桥向船舶撞击工况四验算可知,在加强横向联系后,原桩基能满足承载能力要求,即不用新加桩基 25 号墩桩基即可满足 3 500kN 船舶撞击。

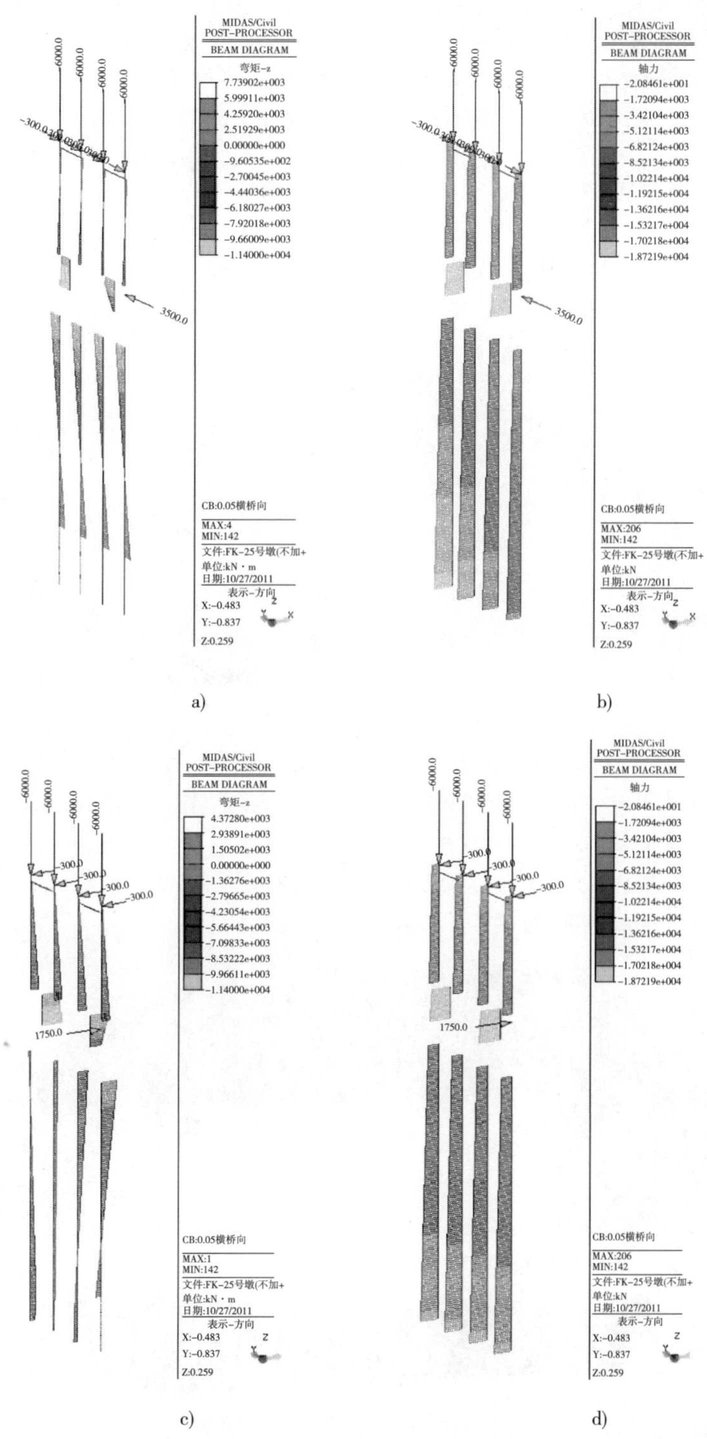

图 5.2-17　不加新桩基加固结构内力图

a)工况四横桥向弯矩图;b)工况四结构横桥向轴力图;c)顺桥向船撞弯矩图;d)顺桥向船撞轴力图

5.2.3 G325 九江大桥 19 号墩防撞加固设计

对 G325 国道九江大桥的 19 号墩进行防撞加固设计可以采用 FRP 防撞浮箱结构进行加固设计，其结构形式如图 5.2-18 所示。

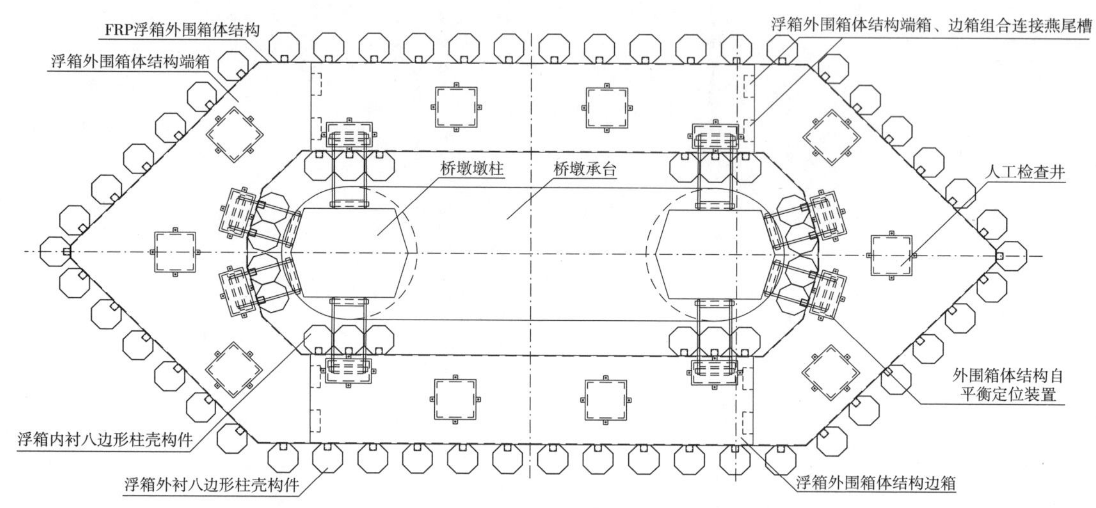

图 5.2-18　G325 国道九江大桥 19 号墩 FRP 防撞浮箱结构平面构造图

1) FRP 防撞浮箱结构构造

FRP 防撞浮箱是由环向围护在墩周的 FRP 外围箱体结构与附着于其上内衬外护的 FRP 八边形柱壳构件组合而成的 FRP 组合结构。

FRP 防撞浮箱的外围箱体结构，为横断面为闭口箱形截面的箱壳结构内装八边形柱壳构件及少量四边形柱壳构件组成的组合结构，如图 5.2-19 所示。

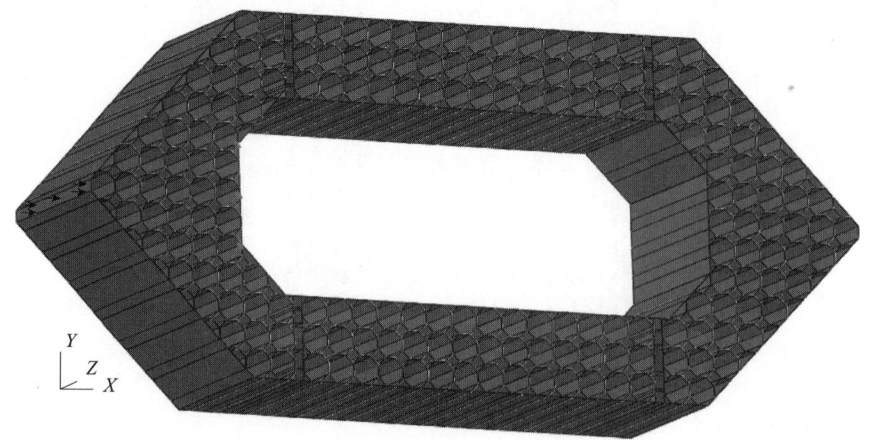

图 5.2-19　浮箱外围箱体结构立体构造图

浮箱外围箱体结构的外衬、内衬柱壳构件，为开口薄壁构件柱壳内填充满 PU 硬质泡沫或下端充满水体的组合构件(图 5.2-20)。

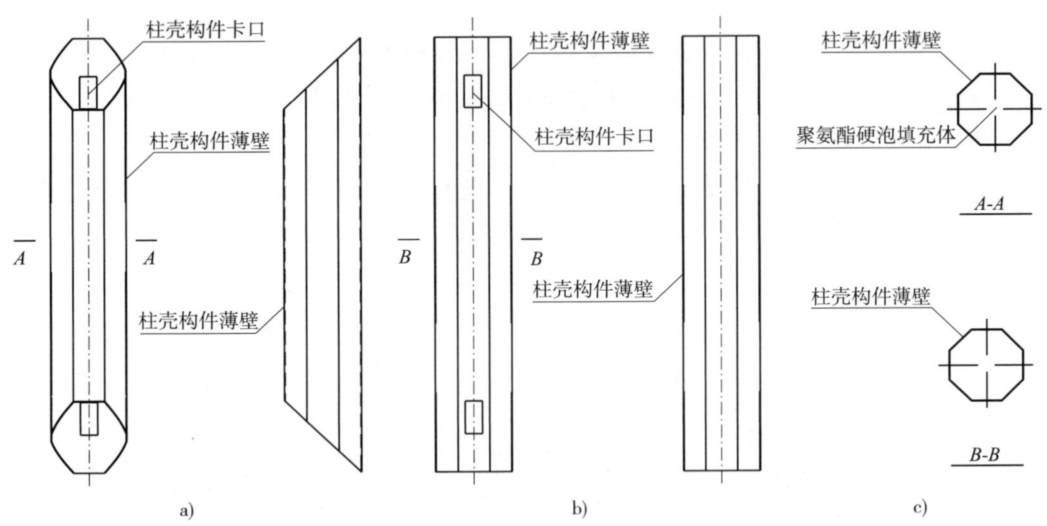

图 5.2-20　浮箱内外衬护八边形柱壳构件构造图

a）浮箱外衬构件立面构造图；b）浮箱内衬构件立面构造图；c）横截面构造图

2）FRP 防撞浮箱连接方式

FRP 防撞浮箱外围箱体结构端箱和边箱之间的连接，为立面下托上盖式、平面燕尾槽式自锁紧配合组装连接，如图 5.2-18 所示。

FRP 防撞浮箱外围箱体结构端箱和边箱内部的连接，为箱壳内装的八边形柱壳构件自身之间及其与箱壁之间相互密贴式接触连接（图 5.2-21）。

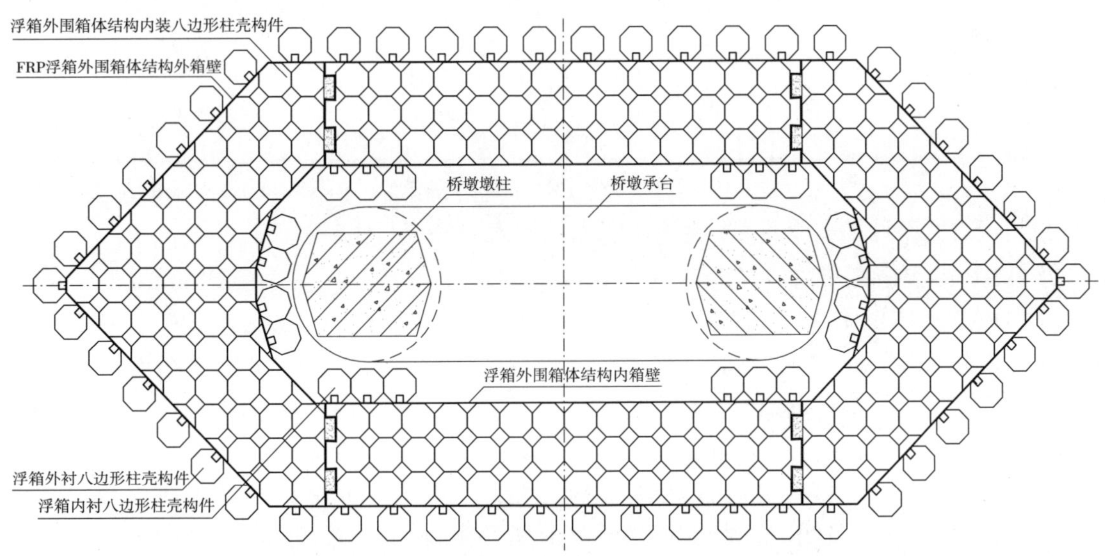

图 5.2.21　浮箱外围箱体结构各箱内部连接平面构造图

FRP 防撞浮箱与桥墩的连接，通过浮箱内衬柱壳构件的较柔结构构造实现与桥墩的支承面积扩散、支承传力弱化的弱接触连接。

3)FRP 防撞浮箱消能模式

第一种消能:为内外衬护柱壳构件消能,利用外围箱体结构内外衬护柱壳构件较柔的结构构造受撞产生的大变形及部分构件断裂破坏,为浮箱提供抵抗船舶撞击的首撞缓冲及桥墩支承传力弱化的变形消能和溃散消能。

第二种消能:为外围箱体结构消能,利用外围箱体结构内装的八边形柱壳构件"平时既不受力、也不传力"、"撞时相互挤压、相互运动"的结构行为,受船撞击时为浮箱提供变形较大的变形能和做功时间较长的摩擦能及部分撞坏产生的溃散能。借助 FRP 材料完全弹性和低应变速率性能,通过释放变形能反推船舶做功形成浮箱阻力功,进一步消耗船舶的撞击动能和增加浮箱撞击做功时间。

第三种消能:为浮箱内外水流阻力消能,利用外围箱体结构水阻箱和内衬柱壳构件内装的水体以及外围箱体结构所围的水流,构成与船撞运动反向的水流阻力,为浮箱提供抵抗船撞做功的反向阻力功。

4)FRP 防撞浮箱的防撞保护效果

计算:当排水量为 500t 的船舶以 3m/s 的撞速横向正撞 G325 国道九江大桥 19 号墩时,FRP 防撞浮箱通过消能降低的船撞力比例及船撞击运动计算结果见表 5.2-12。

G325 国道九江大桥 19 号墩 FRP 防撞浮箱防撞消能计算结果 表 5.2-12

船舶撞击能量 KE (MJ)	桥墩无箱防护承受的船撞力 P_0(MN)	桥墩有箱防护承受的船撞力 P_1(MN)	桥墩自身最大水平抗力 P_k (MN)	桥墩承受的船撞击力降低比例 k (%)	浮箱箱壁最大应力 σ_f(MPa)	船舶撞击做功距离 S (m)	船舶撞击做功时间 t (s)	船撞停止距离桥墩最小距离 S (m)
(下限能量) 2.36	5.61	1.25	1.40	77.7	363.8	3.59	1.88	1.27
(上限能量) 2.81	6.12	1.37	1.40	77.6	397.0	3.92	2.05	0.94

结论:G325 国道九江大桥 19 号墩增设 FRP 防撞浮箱后,在不大于设防船撞击力的失控船舶撞击下,原设计的安全性能、使用功能和使用寿命不变(图 5.2-22)。

5)FRP 防撞浮箱施工工艺

(1)FRP 防撞浮箱施工:采用工厂和桥位附近工场预制、现场组装成型的施工工艺。

(2)浮箱的工厂或工场预制:先将浮箱分箱分解成结构单元,设计、制作结构单元模具;由模具工厂机械成型外围箱体结构内装和衬护八边形柱壳构件,桥位附近工场手糊成型外围箱体结构端箱和边箱箱壳结构及自平衡定位装置、人工检查井等构件。

(3)浮箱的现场组装:先将浮箱预制构件船运至现场,再用船吊使外围箱体结构的端箱就位,然后吊装边箱,通过燕尾槽自锁卡紧与其组装连接成浮箱整体结构,最后安装内外衬护柱壳构件、自平衡定位装置及人工检查井等构件,组合成完整的浮箱结构。

6)FRP 防撞浮箱的技术、经济优势

(1)FRP 浮箱通过消能使桥墩承受的船撞击力小于自身抗力且桥墩不与船直接接触而不受伤害,保证桥墩和全桥原设计的安全性能、使用功能和使用寿命不变。

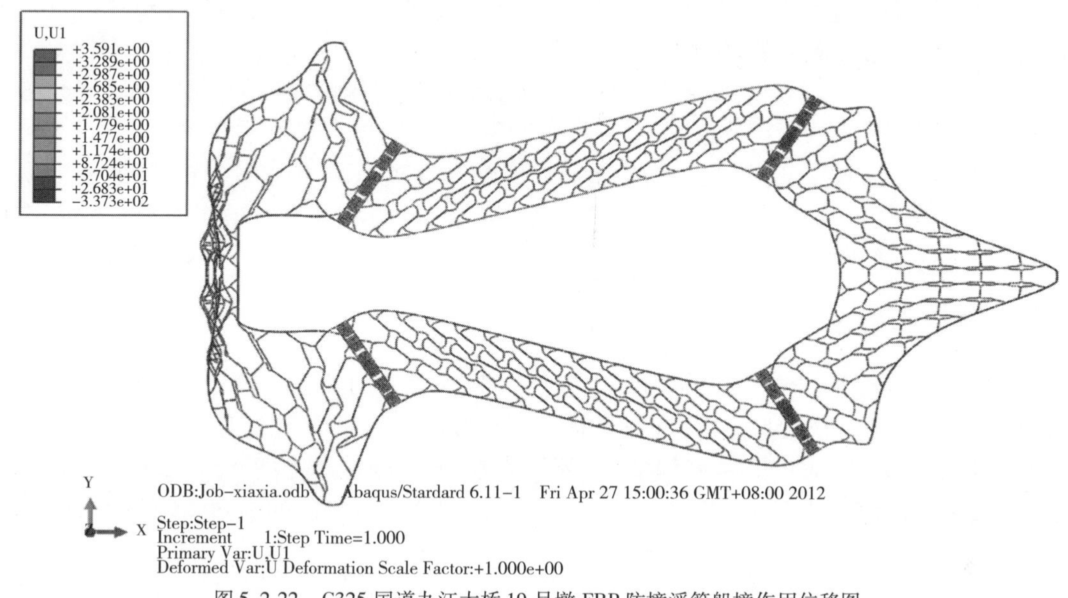

图 5. 2-22　G325 国道九江大桥 19 号墩 FRP 防撞浮箱船撞作用位移图

(2)FRP 浮箱通过大变形使船舶做功时间增长且承受的反作用力减小而减少伤害,实现浮箱防撞从钢浮箱“硬性防撞”到 FRP 浮箱“柔性防撞”的质的进步。

(3)FRP 浮箱比钢浮箱强度高而结构不易撞坏,比钢浮箱耐酸碱盐介质腐蚀而使用寿命更长,FRP 浮箱比钢浮箱更有能力实现对桥墩的长效防护。

(4)FRP 浮箱防护工程比桥墩加固工程降低造价 30% 以上。

(5)FRP 浮箱比钢浮箱节省后期维修费用 50% 以上。

(6)FRP 浮箱比钢浮箱大大减少了船舶撞损所造成的经济损失。

5.3　现有墩柱防撞设计与加固实施

5.3.1　承台施工

(1)承台建议采用钢套箱施工,分两次浇筑承台混凝土(图 5. 3-1)。

a)

b)

图 5. 3-1　承台钢套箱施工

a)下放围堰;b)下放钢护筒

(2)混凝土浇筑过程中,应采取可靠措施,降低水化热和气温等对混凝土浇筑的影响,避免混凝土产生裂缝,并保证外观质量。

(3)浇筑新承台混凝土前,旧系梁、桩基与新增承台竖向连接面均凿成20cm×5cm的剪力槽口并冲洗干净;原有系梁顶面凿毛冲洗干净,漏出新鲜骨料,呈荔枝皮状。

(4)佛开高速公路21号墩与佛开扩建高速公路20号墩承台相连时,应凿除原承台顶底面20cm厚混凝土,凿入长度50cm,以出露原承台主筋;可局部调整新增相连承台的主筋间距,使其与出露主筋顺利焊接连接。

5.3.2 预应力施工

(1)所有钢绞线张拉要求张拉吨位与引伸量双控,以张拉力为主,引伸量允许误差在6%以内,每一截面的断丝率不得大于该截面总钢丝数的1%,且不允许整根钢绞线拉断。

(2)所有预应力管道的定位必须准确牢固,管道轴线必须与垫板垂直。并应设置定位钢筋,在直线段定位钢筋的纵向间距不大于50cm,在曲线段定位钢筋的纵向间距不大于25cm,纵向预应力管道位置的偏差不得大于1cm。

(3)在穿钢绞线前应用高压水冲洗和检查管道。

(4)预应力管道在接头处不得有毛刺、卷边、折角等现象,接头处要封严,不得漏浆。浇筑混凝土时,应防止管道变形。混凝土浇筑后应及时通孔清孔,发现阻塞及时处理。

(5)钢束张拉完毕,应及时灌浆,灌浆采用真空辅助压浆,排气孔设置于管道最高处,压浆前应用压缩空气或用高压水清除管道内杂物。应在24h内压浆,要求管道压浆密实,水泥浆的水灰比不得大于0.4,强度等级不小于C40,允许掺膨胀剂,吸浆要求饱满密实,其质量应做抽检。

(6)所有预应力施加都应在混凝土强度达到90%设计强度,养护龄期达7 d以上后进行,应逐根张拉到位,防止遗漏。

图5.3-2 预应力张拉施工

(7)预应力钢束张拉完毕,严格禁止撞击锚头和钢束,钢绞线多余的长度应用切割机切除。钢绞线的下料不得使用电或氧弧切割,只允许采用圆盘锯切割,且应使钢绞线的切割面为一平面,以便在张拉时检查断丝。

(8)张拉后的钢束应做明显的标志,绝对不允许漏拉。张拉应有完整准确的张拉记录(包括钢筋编号、引伸量和吨位)。

(9)预应力的张拉必须固定张拉且应在有经验的预应力张拉工长的指导下进行,不允许临时工承担此项工作。每次张拉应有完整的原始张拉记录,且应在监理工程师在场监督的情况下进行(图5.3-2)。

5.3.3 墩身施工

(1)墩身新浇混凝土前,须对原有墩身新旧混凝土结合面凿毛冲洗干净,露出新鲜骨料,呈荔枝皮状。

(2)墩身外露面均应保证无蜂窝、麻面、收缩裂缝,各部分混凝土颜色应保持一致性,表面应光洁无油污，确保混凝土振捣密实。

（3）新增墩身部分均采用强度等级为 C40 无收缩 UEA 混凝土。

5.3.4 桩基施工

（1）嵌岩桩基的入岩要求：桩端岩石饱和单轴抗压强度标准值不小于 20MPa。要求清孔干净，嵌岩柱桩底沉淀土厚度不大于 3cm。钻孔桩孔位偏差不大于 5cm，倾斜度不得大于 1%。

（2）桩基在成孔和清孔后应进行质量检查，其技术指标（孔的中心位置、孔径、倾斜度、孔深、孔内沉淀土厚度、清孔后泥浆指标等）应符合《公路桥涵施工技术规范》（JTG/TF 50—2011）的质量标准。

（3）为便于起吊，桩基钢筋骨架可分节吊装，就地采用镦粗直螺纹连接，两节主筋应对准，轴线应一致，连接质量应经检验符合要求。

（4）钻孔应按设计要求进行，并做好地质层面记录。嵌岩桩基要求嵌入完整微风化岩层不小于 $2D$（D 为桩基直径）。

（5）浇筑桩基水下混凝土时，应保证管道埋入混凝土有足够的深度，并须连续进行，避免发生断桩事故，防止孔壁坍塌事故发生。

（6）采用钢护筒进行桩基混凝土的浇筑（图 5.3-3），要求钢护筒底进入最大冲刷线以下 2m。

a)

b)

图 5.3-3　钢护筒浇筑桩基

a）浇筑现场；b）浇筑平台俯视图

（7）主墩桩基应按质检要求，对混凝土质量进行监测，具体质检数量由质检部门确定。

（8）施工前，需要复测佛开高速公路九江大桥 21 号、25 号墩原桩基与各墩的前后墩坐标，然后根据新加桩基的现对距离放样新加桩基，并告知设计单位。

基础按坐标施工放样时，应认真核对设计图表无误后，方可进行，并采用其他方法进行校核。

5.3.5 植筋施工（图 5.3-4）

（1）钻孔：孔深与锚筋埋设深度相同，孔径比锚筋大 2 ~ 4mm，应避让构造钢筋，孔道应顺直。

a)

b)

图5.3-4 植筋施工

a)植筋放置;b)工人施工

(2)清理钻孔:孔道先用硬鬃毛刷清理,再以高压干燥空气吹除孔底灰尘、碎片和水分,孔内应保持干燥。

(3)灌胶:将植筋胶由孔底灌注至孔深2/3处,待插入锚筋后,胶即充满整个孔洞。植筋胶的注入必须采用专用的配套工具(如注入枪)注入,不得采用手工注入。

(4)插入锚筋:锚筋插入前应清除插入部分的表面污物,并须插到孔底,孔口多余的胶应清除。污物应先以钢刷清除,再用丙酮擦净,并予拭干。

(5)在胶液干固之前,避免扰动锚固钢筋和孔位附近有明水。

(6)为确保加固施工质量,应减小焊接对植筋影响。

(7)对植筋的焊接施工应采取以下措施:

①植筋的焊点离胶面距离不小于10cm。

②采取降温措施,如焊接施工时用冰水浸透棉纱布包裹植筋胶面根部钢筋。

③严禁对一根植筋连续焊接,应采用循环焊接施工的方法,即对一批焊接钢筋逐点、逐根焊接。植筋钻完孔后,应立即清理干净,并予以植埋,避免成片植筋孔长时间空待。对施工的盲孔应立即清孔干净后用植筋环氧胶回注。

5.4 主动独立防撞设计与实施

桥梁的防撞措施一般可以分为两种,即被动防撞和主动防撞。本章前述防撞加固等措施均属于通过桥墩自身的加强或者防护设施来抵抗船舶的撞击威胁。主动防撞是指通过对船舶的航行管理和航行轨迹进行干预,主动避免船撞桥事故的发生。现以G235国道九江大桥船舶安全预警监测系统为例,介绍桥梁主动独立防撞系统的设计与实施。

5.4.1 主动独立防撞技术

常见的主动独立防撞技术有航标、桥涵标以及相关警示标志、导航系统等引导船舶沿正确航道行驶的设施。例如:航道两岸红白相间的侧面标志(浮标、岸标),航标灯、雾天黄灯、雷达靶和闪灯系统,高频、甚高频声讯警报系统 ,GPS卫星导航区域系统,激光(或红外)测距仪航向、航距预报系统 ,船舶航行服务系统(VTS)等。

1）桥涵标

通过视觉标志（日间标牌、夜间灯光）、音响信号（雾号）、雷达标志（雷达反射器和雷达应答器）等，引导过往船舶认清桥墩位置，选择正确航路，安全过桥（图5.4-1～图5.4-4）。这种方法简单易行，但受气象条件影响大，能见度差时无效。

a)

b)

图5.4-1 侧面标

a）日间标牌；b）夜间灯光

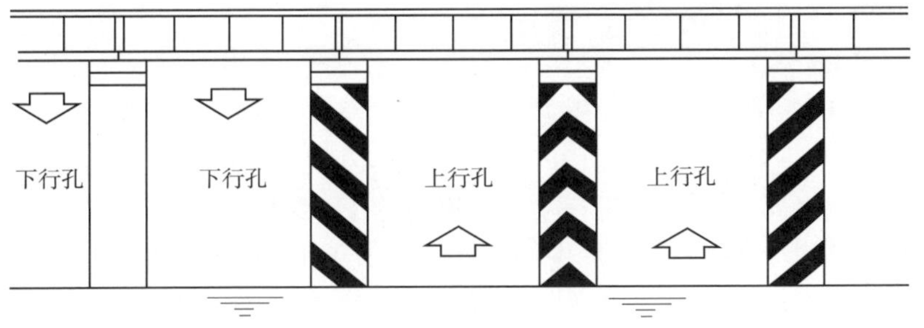

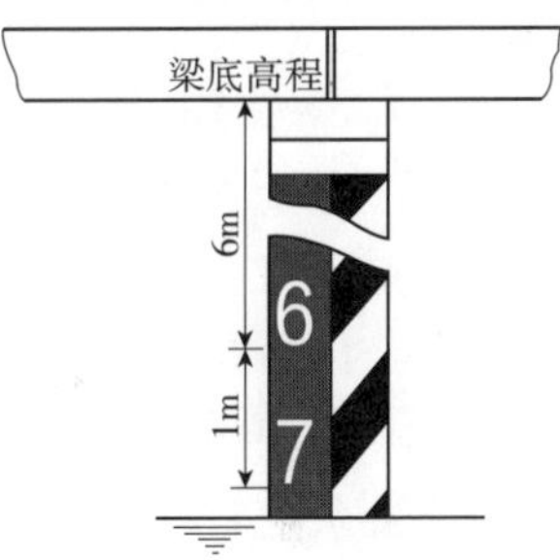

图5.4-2 警示标

图5.4-3 闪灯系统

图5.4-4 雷达靶（正中）

2）GPS卫星导航区域系统和安全监测系统

通过交通管制雷达监控、视频监控预警系统与甚高频通信系统配合，对大桥附近水域及驶近大桥的船舶实施24h人工监控；及时提醒过桥船舶，及早采取安全措施（图5.4-5）。其特点是能实时监控过往船舶的航行态势，及早发现事故隐患；但成本高、自动化程度低，过往船舶高峰时段难以监控。

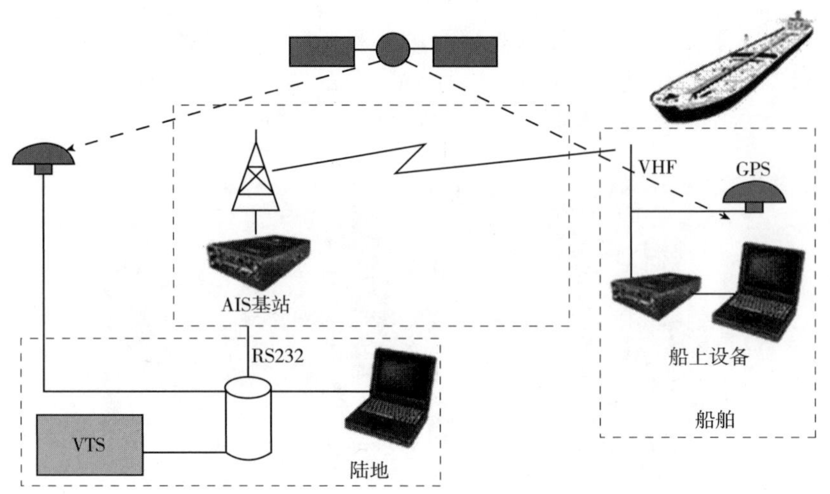

图 5.4-5　GPS 卫星导航区域系统和安全监测系统

5.4.2　实例分析

1)设计目标

为了保证大桥的通航安全,G325 国道九江大桥修复办委托同济大学进行大桥船舶安全预警监测系统的设计,主要是建立一套可以自动预警、发出预警信号以及与船舶建立通信功能的安全预警系统。本工程由上海同睿工程咨询有限公司进行施工,由 G325 国道九江大桥修复办承担建设和监理任务。工程于 2010 年 8 月进场施工,2011 年 12 月完成施工并建成监测预警系统投入使用(图 5.4-6)。

系统主要目标:

(1)24 h 不间断监测桥梁上游通航区域内 1km 范围的监测,非通航区域 300m 范围内的监测,主要将 20 号和 22 号墩作为重点监测对象。

(2)识别监测范围内的船舶大小、位置、航速、方向、航迹和数量,并依据识别的结果进行桥梁防撞预警。

(3)对监测区域内船只的违规行为及可能的船撞桥梁的事件进行预警。

(4)在发生预警事件后能够采用声、光或其他通信手段与船舶进行沟通、报警。

(5)历史资料查询。

2)系统主要模块及功能

系统主要包括硬件和软件两个部分。

(1)系统硬件:包括视频监控设备、视频传输与处理设备、报警装置三个部分。

①视频监控设备:包含有固定布设的红外热成像系统和可转动的视频监控系统。

②视频传输与处理设备:包括有视频光端机、图像采集卡、硬盘录像机、监控电视墙、视频服务器。

③报警装置:主要有 VHF 电台、高音喇叭、透雾灯。

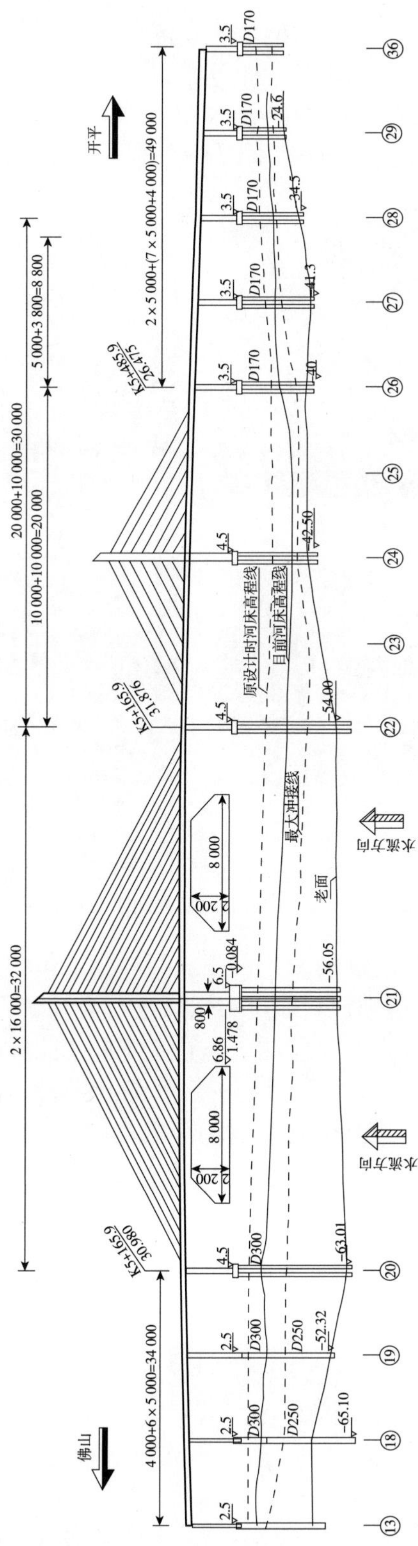

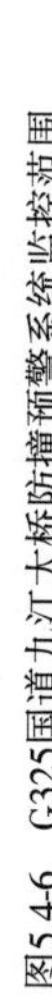
图5.4-6　G325国道九江大桥防撞预警系统监控范围

主要功能：

a. 完成监控图像的采集、传输、处理、储存功能。

b. 提供实时监控视频、分析结果的显示功能。

c. 提供与船舶的声、光、通信等交流方式。

（2）系统软件（图 5.4-7）：其主要模块和功能如下。

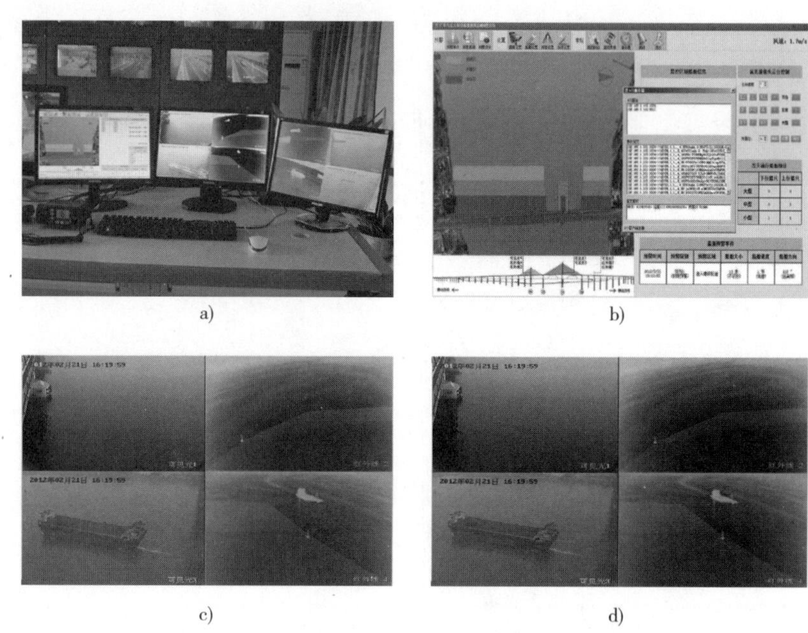

图 5.4-7　G325 国道九江大桥防撞预警系统后台软件系统

a）操作室；b）控制界面；c）监视画面 1；d）监视画面 2

①视频控制功能：主要是通过可见光视频及红外热成像仪采集江面上的图像，并对监测区域内的船舶位置、大小、航速、航向、航迹和数量进行自动识别、显示和存储。

②船舶识别与预警功能：主要对监测区域内船只的违规行为及可能的船撞桥梁事件进行预警。一般依据如下原则对监测区域进行预警：离桥墩距离 100m 以内为危险区域，100～200m为警告区域，200m 以外为跟踪监测区域。

③在发生预警事件后，系统自动通过 VHF 电台、高音喇叭、透雾灯等与违规船舶进行沟通和预警。

④历史资料查询。

参考文献

[1] 中华人民共和国行业标准 . JTG H11—2004　公路桥涵养护规范[S]. 北京:人民交通出版社,2005.

[2] 中华人民共和国行业标准 . JTG D62—2004　公路钢筋混凝土及预应力混凝土桥涵设计规范[S]. 北京:人民交通出版社,2004.

[3] 中华人民共和国行业标准 . JTG B01—2003　公路工程技术标准[S]. 北京:人民交通出版社,2003.

[4] 中华人民共和国国家标准 . GB 50367—2006　混凝土结构加固设计规范[S]. 北京:人民交通出版社,2006.

[5] 中华人民共和国行业标准 . JTG/T J22—2008　公路桥梁加固设计规范[S]. 北京:人民交通出版社,2008.

[6] 中华人民共和国行业标准 . JTG/T J23—2008　公路桥梁加固施工技术规范[S]. 北京:人民交通出版社,2008.

[7] 中华人民共和国行业标准 . CECS:18—2000　聚合物水泥砂浆防腐蚀工程技术规程[S]. 北京:人民交通出版社,2000.

[8] 中华人民共和国行业标准 . JTG D60—2004　公路桥涵设计通用规范 . 北京:人民交通出版社,2004.

[9] 中华人民共和国行业标准 . JTG D62—2004　公路钢筋混凝土及预应力混凝土桥涵设计规范[S]. 北京:人民交通出版社,2004.

[10] 中华人民共和国行业标准 . JTG D61—2005　公路圬工桥涵设计规范[S]. 北京:人民交通出版社,2005.

[11] 单成林 . 旧桥加固设计原理及计算示例[M]. 北京:人民交通出版社,2007.

[12] 张树仁,王宗林 . 桥梁病害诊断与改造加固设计[M]. 北京:人民交通出版社,2006.

[13] 蒙元,卢波 . 桥梁加固与改造[M]. 北京:人民交通出版社,2004.

[14] 张俊平,周建宾 . 桥梁检测与维修加固[M]. 北京:人民交通出版社,2006.

[15] 秦伟航 . 水中桩基础病害检查方法[J]. 交通科技与经济, 2012, 14(2): 20-22.

[16] 胡国喜, 缪品柏 . 桥梁水下基础检测技术应用前景[J]. 公路交通技术, 2012 (2): 71-73.

[17] 曾华清 . 桩基检测技术在桥梁工程中应用的发展与探讨[J]. 攀枝花学院学报: 综合版, 2008, 25(3): 23-26.

[18] 陆普青 . 桥梁水下桩基腐蚀病害及处治措施[J]. 西部交通科技, 2011 (10): 53-56.

[19] 何润景 . 浅谈桥梁缺陷桩基成因及常见加固方法[J]. 黑龙江交通科技, 2008, 31 (7): 68-69.

[20] 何晓阳, 项贻强, 邢骋 . 混凝土桥梁下部结构病害分析与加固[J]. 重庆交通大学学报 (自然科学版), 2013.

[21] 金玉娟. 船桥碰撞风险评估与防撞设施研究[D]. 武汉:武汉理工大学, 2011.
[22] 石雪飞,杨琪,阮欣. 已建大跨径 PC 梁桥过量下挠及开裂处治技术[M]. 北京:人民交通出版社, 2010 .
[23] 杨琪. 高速公路桥梁加固成套技术与工程实践[M]. 北京:人民交通出版社, 2010.